大学生经营职场一本通

（第2版）

张　云◎主编

陈建军　杨添天◎副主编

人民邮电出版社

北　京

图书在版编目（CIP）数据

大学生经营职场一本通 / 张云主编. -- 2版. -- 北京：人民邮电出版社，2024.2
职业素养系列教材
ISBN 978-7-115-63391-0

Ⅰ. ①大… Ⅱ. ①张… Ⅲ. ①大学生－职业选择－教材 Ⅳ. ①G647.38

中国国家版本馆CIP数据核字(2023)第249214号

内 容 提 要

  本书全面阐述了职场新人进入职场后遇到的关键问题，并对探索职业世界、设计职业生涯、明确投标任务、撰写招投标文档、设计公关方案、客户拜访及谈判、向上级汇报工作、项目实施过程中的冲突与压力、项目管理思维等不同方面进行分析。本书的重点是明确学习者将来在企业实践中可能遇到的问题，这些问题涵盖了当下企业管理与社交等方面，较为全面地展现了企业中的职业特点。本书可以作为电子信息类相关专业的应用型本科、高职高专学生的学习用书，也可以作为工程技术人员的参考用书。

◆ 主　　编　张　云
  副 主 编　陈建军　杨添天
  责任编辑　张　迪
  责任印制　马振武

◆ 人民邮电出版社出版发行　　北京市丰台区成寿寺路 11 号
  邮编　100164　电子邮件　315@ptpress.com.cn
  网址　https://www.ptpress.com.cn
  山东百润本色印刷有限公司印刷

◆ 开本：787×1092　1/16
  印张：12.25　　　　　　　　　　2024 年 2 月第 2 版
  字数：254 千字　　　　　　　　2024 年 2 月山东第 1 次印刷

定价：59.80 元

读者服务热线：(010)81055493　印装质量热线：(010)81055316
反盗版热线：(010)81055315

故事背景介绍

一、公司背景：CCA 信息技术有限公司

CCA 信息技术有限公司（以下简称"CCA 信息公司"）是国内知名的第三方移动通信无线网络优化和大数据挖掘服务供应商，专注于移动通信无线网络优化和电信大数据的挖掘与应用，获得工业和信息化部通信信息网络系统集成甲级资质和国家高新技术企业认证，是 A 省通信建设专业委员会委员。CCA 信息公司通过了 GB/T 19001—2016《质量管理体系 要求》、GB/T 24001—2016《环境管理体系 要求及使用指南》、GB/T 45001—2020《职业健康安全管理体系 要求及使用指南》和信息安全管理体系认证，并获得 CCIA 信息系统业务安全服务资质以及计算机信息系统集成三级资质。

CCA 信息公司是中国移动主要的无线网络优化服务企业、中国电信 CDMA 无线网络优化二级 A 类企业、爱立信核心供应商、中兴通讯战略合作伙伴、华为中国区工程服务主要合作伙伴，多次获得爱立信、中兴通讯、华为、江苏移动等服务供应商大奖。CCA 信息公司专注于移动通信网络优化技术服务和产品开发，对 GSM[1]、CDMA[2]、WCDMA[3]、TD-SCDMA[4]、WLAN[5]、HSPA[6]、LTE[7] 等各种技术专业领域有深入且持续的跟踪和研究，能够结合不同电信设备厂商、电信运营商的通信网络技术特点提供综合性的网络优化服务。

CCA 信息公司已在成都、沈阳、西安、广州、福州、济南、北京等地成立了分支机构，建立了完善的本地化服务网络，其技术实力、人员规模、业务范围、服务质量等均位居行业前列。CCA 信息公司始终秉承"责任、诚信、专业、专注"的经营理念，遵循"客

注：1. GSM（Global System for Mobile Communications，全球移动通信系统）。
　　2. CDMA（Code Division Multiple Access，码分多址）。
　　3. WCDMA（Wideband CDMA，宽带码分多址）。
　　4. TD-SCDMA（Time Division-Synchronous CDMA，时分同步码分多址）。
　　5. WLAN（Wireless LAN，无线局域网）。
　　6. HSPA（High-Speed Packet Access，高速分组接入）。
　　7. LTE（Long Term Evolution，长期演进技术）。

户满意，质量第一，保护环境，以人为本"的管理方针，努力实现"网络优化和通信大数据技术领导者"的企业愿景。

二、CCA 信息公司福建分公司组织架构

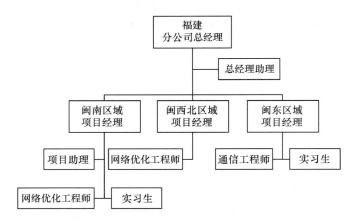

三、故事人物及对应的 DISC 性格特质

姓名	职位	DISC 性格类型	性格特质
木易	福建分公司总经理	支配掌控（Dominance）	自信，目标明确，凡事讲理，富有进取精神，积极主动，意志坚强；耐心较差，不容易接受他人的意见，有很强的领导欲和支配欲，会给人带来压力，很难与他人建立亲密关系，在工作中总是扮演指挥者的角色
王小梅	总经理助理	影响社交（Influence）	活跃、开朗、热情、友善，擅长演说，喜欢与人交朋友，社交技巧和沟通能力很强，但容易轻易做出承诺，最后无法兑现；喜欢冒险，但畏惧他人的评价，容易冲动
龙旭	项目经理	谨慎分析（Compliance）	完美主义者，谨慎、重流程、注重细节，要求精准、擅长分析、重视信息和数据，是工作中的计划者，喜欢和抽象的事物打交道；不会与所有人打成一片，而是有选择地进行社交，总是和他人保持一种礼貌性的距离
李木子	项目助理	稳健支持（Steadiness）	稳健、耐心、忠诚，较内向，不容易生气，重和谐，不善于表达，不喜欢改变，易犹豫不决，十分受周围人的欢迎，是他人眼中最可靠的支持者；但自信心和上进心不强，不敢尝试新鲜事物
张长弓	网络优化工程师	稳健支持（Steadiness）	谦逊、随和、耐心、忠诚，善于合作，擅长和人建立联系，总是能察觉到他人的需要，设身处地地为他人着想，做事有条理且效率高；循规蹈矩，缺乏承担重大责任的勇气，常常错失展示自我才华的机会，难以开口拒绝别人，不敢尝试新鲜事物
刘定安	网络优化工程师	影响社交（Influence）	活跃、开朗、热情、友善，擅长演说，喜欢与人交朋友，社交技巧和沟通能力很强，但容易轻易做出承诺，最后无法兑现；喜欢冒险，但畏惧他人的评价，容易冲动

四、故事发展

由主人公张长弓在 CCA 信息公司投标的"×× 运营商集采项目"中的成长故事，引出职场新人需要掌握的职业素养知识，启发职场新人要像经营自己的人生一样经营职场。

目录

项目一
探索职业世界

项目简介

　　张长弓在实习期间表现优秀，在工作期间与同事互帮互助，深得领导和同事的好评。2022 年 9 月，新一批参与校企合作的学子步入大学，成为张长弓的学弟学妹，张长弓受邀回母校分享自己的学习和成长经历。

　　"我与在座的各位一样对 ICT 行业充满了各种想象。我的职业导师让我每天花 30 分钟时间浏览 ICT 信息，渐渐地，我对 ICT 行业有了简单的了解。ICT 行业汇集了所有通信设备或应用软件，以及与之相关的各种服务和应用软件。那么，如何才能高效地学习 ICT 专业知识呢？

　　"第一，坚持每天浏览 30 分钟 ICT 信息，例如，登录访问百度百科、中国信息通信研究院网站等，或者关注它们的微信公众号。

　　"第二，多与专业老师接触，听他们对 ICT 的见解。

　　"第三，通过 ICT 论坛了解，但各位要学会辨别。

　　"第四，去招聘网站浏览 ICT 行业的招聘信息。

　　"第五，去图书馆查阅相关书籍。

　　"学习没有捷径，是日积月累、循序渐进的过程，ICT 专业的学习也一样。在接触 ICT 专业后，我经常问自己：手机与手机之间是怎么通话的？我用电信卡给移动卡拨打电话时，又是怎么通话的？基站是怎么工作的？铁塔为什么安装得那么高？

　　"这些问题驱动着我不断学习和探索，成为我学习的动力。我解决这些问题的方法是去图书馆查阅或上网购买 ICT 类图书来学习。例如，我从 ICT 发展史开始阅读，慢慢地揭开了 ICT 的抽象面纱，让这个专业更加'有血有肉'。所以，问题是学习 ICT 专业最好的老师！

　　"我一开始认为，ICT 专业的学生未来只能当工程师。后来，我才发现 ICT 行业涵盖的范围很广，不仅可以成为工程师，而且可以从事很多与人打交道的职业。"

　　从张长弓的故事中，我们可以了解到，学习任何一个专业，先要对这个专业有清晰的认知，这样才能做好规划，带着目标学习。本章，我们就带领各位同学去了解 ICT 以及相关产业，帮助同学们找准自己未来可以从事的职业。

项目目标

1. 了解 ICT 行业现状。

2. 分析关键岗位并熟悉各岗位的技能要求。

3. 了解技术、业务、管理三大职业发展通道。

知识图谱

探索职业世界
- 认识ICT
  - ICT行业介绍
  - 我国ICT技术的发展现状
- 认识通信
  - 什么是通信
  - 通信行业的发展
  - 典型就业岗位
- 认识云计算
  - 什么是云计算
  - 云计算的应用
  - 典型就业岗位
- 认识大数据
  - 什么是大数据
  - 大数据行业的发展
  - 典型就业岗位
- 认识物联网
  - 什么是物联网
  - 物联网行业的发展
  - 典型就业岗位
- 认识人工智能
  - 什么是人工智能
  - 人工智能对未来就业的影响
  - 典型就业岗位
- 职业发展通道案例
  - 职业发展通道
  - 行政管理类岗位
  - 研发技术类岗位
  - 营销业务类岗位

我的专业可以做什么工作

1. 活动目标

① 让你领会到一件物品的制造涉及许多人和多种职业。

② 让你认识到同一个专业可以从事多种职业。

2. 活动介绍及规则

请各小组的同学讨论，列举与手机相关的职业，并将所有想到的职业都记录在便签纸上，15分钟后，各小组将便签纸分类贴在逻辑树上。

3. 活动道具

① 每个小组有若干张不同颜色的便签纸，要求便签纸的尺寸较大，足以用记号笔写下一个名词。

② 每个小组有若干支记号笔。

③ 一张事先印好的逻辑树。逻辑树如图1-1所示。

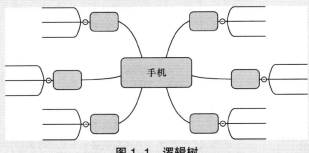

图1-1　逻辑树

4. 总结

你从这个活动中得到了什么启发？

　**认识ICT**

一、ICT行业介绍

信息与通信技术（Information and Communication Technology，ICT）是一个涵盖性术语，覆盖了所有通信设备或应用软件，以及与之相关的各种服务和应用软件，例如视频会议和远程教学。联合国在 2008 年 8 月 11 日发布的第四版国际标准产业分类，结合了经济合作与发展组织（Organisation for Economic Co-operation and Development，OECD）在 2007 年给出的 ICT 定义，即"主要通过电子手段完成信息加工和通信的产品和服务，或使其具有信息加工和通信功能"。

简单来说，ICT=IT+CT。信息技术（IT）主要是管理和处理信息时所采用的各种技术的总称，主要应用计算机科学和通信技术来设计、开发、安装和实施信息系统及应用软件。通信技术（CT）主要包含传输接入、网络交换、移动通信、无线通信、光通信、卫星通信、支撑管理、专网通信等技术，现在的热门技术有 5G、LTE、交互式网络电视（Internet Protocol Television，IPTV）、下一代网络（Next Generation Network，NGN）和 IP 多媒体子系统（IP Multimedia Subsystem，IMS）。ICT 行业涵盖的职能及服务如图 1-2 所示。

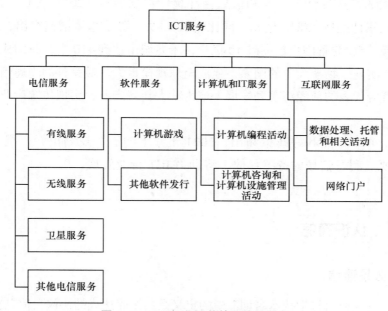

图 1-2　ICT 行业涵盖的职能及服务

ICT 服务业细分领域包括电信服务（含有线、无线、卫星等电信服务）、软件服务（含计算机游戏等软件发行服务）、计算机和 IT 服务（含计算机编程、计算机咨询和计算机设施管理等活动）、互联网服务（含数据处理、托管和网络门户等活动）。

二、我国 ICT 技术的发展现状

ICT 技术是 21 世纪社会发展的最强动力之一，并将迅速成为世界经济增长的重要动力。随着 ICT 技术的创新、运用和渗透，ICT 产业不仅成为科技创新的核心力量，也成为推动经济发展的重要力量。ICT 作为整体产业架构的基础，通过信息化和网络化路径，促进整个经济体系的智能化和数字化发展，已成为未来各国经济发展的重要方向。

目前，我国 ICT 行业已经较为成熟，越来越多的 ICT 技术被推广到各个行业，并延伸到不同的服务及产品，已基本覆盖民生、金融、交通、电子商务及安全等行业。随着我国社会经济发展脚步的加快以及数字经济时代的到来，ICT 技术在人们日常生活和工作中应用得越来越广泛。

ICT 技术对各行业转型变革与全球经济的增长带来了深远影响。国家互联网信息办公室的数据显示，2017—2022 年，我国数字经济规模从 27.2 万亿元增至 50.2 万亿元，总量稳居世界第二。作为国民经济的基础性、先导性产业，ICT 产业在危机中育新机、于变局中开新局，紧抓数字经济新机遇，乘着"东数西算"春风，走高质量发展道路，展现出了强大的产业韧性。工业和信息化部统计数据显示，2023 年 1～10 月，我国电信业务收入累计完成 12813 亿元，同比增长 6.8%。除了总体增速突出，2023 年 ICT 产业亮点频频：5G 套餐用户数突破 10 亿户，千兆城市达到 110 个，我国成为全球主要经济体中首个实现"物超人"的国家，建成全球规模最大、最完整的光通信体系。这表明以数字经济为代表的新经济蓬勃发展，成为壮大新兴产业、实现传统产业转型升级的重要系统。

近年来，ICT 行业利好政策频出，2021 年"十四五"规划出台，提出制定科技强国行动纲要。利好信号的持续释放，将助力 ICT 行业发展。

任务二 认识通信

一、什么是通信

"通信"在《通信科学技术名词》中的定义是：按照达成的协议，信息在人、地点、进程和机器之间进行的传送。从产业链内部的企业与企业之间的供给和需求的角度，可以把通信行业分为四大体系。通信行业的四大体系如图 1-3 所示。

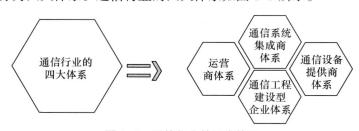

图 1-3　通信行业的四大体系

（一）运营商体系

运营商是指提供网络服务的供应商。我国在电信管理方面相当严格，只有拥有工业和信息化部颁发的经营许可证的企业才能架设网络。国内运营商有中国移动、中国联通、中国电信、中国广电、中国铁塔、中国卫通。

（二）通信系统集成商体系

系统集成（System Integration，SI）是指通过结构化的综合布线系统和计算机网络技术，将各个分离的设备（例如个人计算机）、功能、信息等集成到相互关联、统一、协调的系统中，使资源充分共享，实现集中、高效、便利的管理。通信系统集成应采用功能集成、液晶拼接集成、综合布线、网络集成、软件界面集成等多种集成技术。通信系统集成实现的关键在于解决系统之间的互联和互操作问题，这需要解决各类设备、子系统间的接口、协议、系统平台、应用软件等与子系统、建筑环境、施工配合、组织管理和人员配备相关的问题。

（三）通信工程建设型企业体系

通信工程建设型企业是介于运营商与设备商之间的一种服务型公司，这种类型的企业的业务范围包括通信网络设计、建设、维护、监理、网络优化等，典型的企业代表有规划设计院、工程公司、代维公司、监理公司及网络优化公司等。

（四）通信设备提供商体系

通信设备提供商是指研发、生产、维护通信设备的企业。任何以电子技术进行信息交换的设备都可以称作通信设备。当然，由于通信设备种类多样，需要根据具体情况进行具体分析。我国有很多通信设备提供商，例如华为、中兴通讯等。

二、通信行业的发展

通信行业属于技术密集型行业，是国民经济的重要支柱以及整个社会经济运行体系中不可或缺的基础。持续出现的新一代信息通信技术，加快了信息产业的创新进程，不断推动经济社会的繁荣发展。

随着新一代信息通信技术浪潮席卷全球，移动互联网、云计算、大数据、软件定义网络（Software Defined Network，SDN）等新技术和新业务逐渐普及，原有的市场格局和规则不断被打破，行业间的界限越来越模糊，通信行业的市场范围不断扩大。伴随产业的融合发展，IT 与 CT 融合的深度进一步增加，以虚拟化、SDN 为代表的 IT 技术理念融入移动通信的各个领域，从产品架构、制造模式、产业生态等方面深刻影响着移动通信的发展。

　　《"十四五"信息通信行业发展规划》明确提出发展目标，包括从 2020 年到 2025 年，信息通信业收入由 2.64 万亿元提高到 4.3 万亿元，每万人拥有 5G 基站数由 5 个提高到 26 个，移动网络 IPv6 流量占比由 17.2% 提高到 70%，5G 用户普及率由 15% 提高到 56%，行政村 5G 通达率由 0 提高到 80% 等。

　　就"十四五"期间的发展重点，我国对信息通信业有了新的要求，要建设新型数字基础设施，加快推进"双千兆"网络建设，统筹数据中心布局，积极稳妥发展工业互联网和车联网，构建以技术创新为驱动、以新一代通信网络为基础、以数据和算力设施为核心、以融合基础设施为突破的新型数字基础设施体系。

三、典型就业岗位

　　通信工程专业学生的就业方向主要有 3 个，首先是进入以中国移动、中国电信、中国联通、中国广电、中国铁塔为代表的运营商，其次是进入以华为、中兴通讯、小米、荣耀、vivo、OPPO 为代表的通信设备商，最后是进入围绕这些运营商和通信设备商提供服务的第三方企业，例如烽火、中信科、大唐电信、长飞、亨通、浪潮等。

　　通信企业典型就业岗位见表 1-1。

表 1-1　通信企业典型就业岗位

方向	产品研发测试	产品营销	网络建设与维护	网络规划与优化
岗位	软硬件开发： 结构工程师 基带工程师 射频工程师 系统仿真工程师 FPGA[1] 工程师 PCB[2] 制板工程师 协议开发工程师 嵌入式软件工程师 驱动开发工程师 应用层软件工程师 协议软件工程师 软硬件测试： 硬件测试工程师 软件测试工程师 中试测试工程师 生产测试工程师	市场： 市场专员 销售代表 销售经理 营销顾问 技术： 售前技术支持 售前方案经理 售前客服	工程交付： 通信工程施工员 基站督导工程师 设备软调工程师 系统集成工程师 核心网工程师 微波工程师 数通工程师 传输工程师 xPON 工程师 配套产品工程师 通信工程监理工程师 网络运营维护： 网络监控工程师 网络维护工程师 故障处理现场工程师 远程技术支持工程师	勘测设计： 基站勘测工程师 室分勘测工程师 微波勘测工程师

续表

方向	产品研发测试	产品营销	网络建设与维护	网络规划与优化
岗位			项目管理： 项目经理 工程经理 质量经理 室分集成工程师	网络规划： 无线网规工程师 室分设计工程师 核心网规划工程师 传输规划工程师 网络优化： GSM 优化工程师 CDMA 优化工程师 WCDMA 优化工程师 TD-SCDMA 优化工程师 LTE 优化工程师 核心网优化工程师 路测工程师 传输干线网络优化工程师

注：1. FPGA（Field-Programmable Gate Array，现场可编程门阵列）。
2. PCB（Printed Circuit Board，印制电路板）。

任务三 认识云计算

一、什么是云计算

云计算技术是基于互联网，通过虚拟化方式共享 IT 资源的新型计算机模式。其核心思想是通过网络统一管理和调度计算、存储、网络、软件等资源，实现资源整合与优化配置，以不同的服务方式满足不同用户随时获取并扩展、按需使用并付费、最大程度地降低成本等各种需求。

云计算是分布式计算、并行计算、虚拟化、网络存储、负载均衡等传统计算机和网络技术发展融合的产物。过去往往用"云"表示电信网，后来也用"云"表示互联网和底层基础设施。云计算可以让人们体验每秒 10 万亿次的运算能力，可以模拟核爆炸、预测气候变化和市场发展趋势。用户还可以通过计算机、笔记本电脑、手机等方式接入数据中心，按自己的需求进行运算。我国云计算产业链分布如图 1-4 所示。

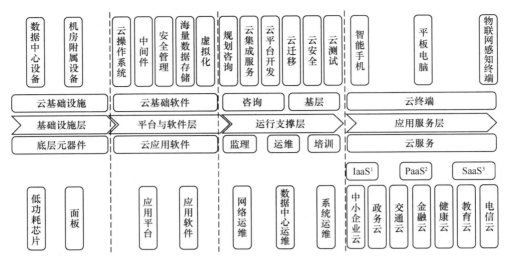

注：1. IaaS（Infrastructure as a Service，基础设施即服务）。
    2. PaaS（Platform as a Service，平台即服务）。
    3. SaaS（Software as a Service，软件即服务）。

图1-4 我国云计算产业链分布

二、云计算的应用

（一）云安全

云安全是一个由云计算演变而来的新名词。云安全的策略构想是：用户越多越安全，因为如此庞大的用户群，足以覆盖互联网的每个角落，只要某个网站被挂马或某个新木马病毒出现，就会立刻被截获。云安全通过网状的大量用户端监测网络中软件行为的异常，获取互联网中木马、恶意程序的最新信息，推送到服务器端自动分析和处理，再把病毒和木马的解决方案分发到每个用户端。

（二）云存储

云存储是在云计算的概念上延伸出来的新概念，是指通过集群应用、网格技术、分布式文件系统等功能，将网络中各种不同类型的存储设备通过应用软件集成起来协同工作，共同对外提供数据存储和业务访问功能的一个系统。当云计算系统运算和处理的核心是大量数据的存储和管理时，云计算系统中需要配置大量的存储设备，云计算系统因此转变为一个云存储系统。因此，云存储系统是一个以数据存储和管理为核心的云计算系统。

（三）云游戏

云游戏是以云计算为基础的游戏方式。在云游戏的运行模式下，所有游戏都在服务器端运行，并对渲染完毕的游戏画面进行压缩，然后通过网络传送给用户。在用户端，用户的游戏设备不需要任何高端处理器和显卡，只需要解压视频就可以了。就目前来说，云游戏还没有成为家用游戏机和掌上游戏机的联网模式，但是几年或十几年后，其很可能成为游戏发展的终极方向。如果这种构想能够成为现实，那么主机厂商将变成网络运营商，他们不需要不断投入巨额的新主机研发费用，只需要投入很少一部分资金升级自己的服务器，就可以达到相差无几的效果。对用户来说，他们可以省下购买主机的费用支出，但得到的是一流的游戏画面（当然，视频输出方的硬件质量必须过硬）。你可以想象，掌上游戏机和家用游戏机拥有同样的画面，家用游戏机和我们今天使用的机顶盒一样简单，甚至家用游戏机可以取代电视的机顶盒成为"次时代"的电视收看方式。

（四）云计算

从技术上看，大数据与云计算的关系就像一枚硬币的正反面一样密不可分。大数据必然无法用单台计算机进行处理，必须采用分布式计算架构。它的特色在于对海量数据进行挖掘，但它必须依托云计算的分布式处理、分布式数据库、云存储和虚拟技术。

三、典型就业岗位

云计算作为未来 ICT 行业的发展趋势之一，正逐渐渗透至传统行业领域，例如金融、医疗卫生、教育、制造业等，这些行业本身就具备海量数据处理分析的特性，再结合云计算技术，将会极大地提升运营效率，降低运营成本。目前，全球范围内已经有许多优秀的云计算产品与解决方案，例如亚马逊的 Amazon Web Services、微软的 Azure、谷歌的 Google Cloud、阿里巴巴的阿里云等。

云计算产业保持迅猛的发展势头，2023 年全球云服务市场规模有望达到 6000 亿美元。受政策鼓励、技术进步等因素的影响，我国整体云服务行业实现稳步发展。根据艾瑞咨询统计，2015—2020 年我国整体云服务（包含公有云、私有云、专有云、混合云等部署下的服务）市场规模从 394 亿元增长至 2256.10 亿元，年复合增长率为 41.77%；预计到 2024 年，我国整体云服务市场规模达 9286.20 亿元，未来每年仍保持 40% 以上的增速，具备长期的广阔发展空间。

云计算典型岗位见表 1-2。

表 1-2　云计算典型岗位

就业方向	岗位
云计算运维类	云数据中心工程师、云计算运维工程师、云平台高级运维工程师、云计算测试工程师、工程督导
研发架构类	云计算产品经理、云计算架构师、云计算开发工程师、UI 设计师、Web 前端工程师、云计算技术经理
市场营销类	云计算高级售前工程师、云计算售前支持、云计算销售总监、云计算产品运维推广

一、什么是大数据

研究机构 Gartner 对大数据这样定义："大数据"是基于新处理模式，具有更强的决策力、洞察发现力和流程优化能力，可以适应海量、高增长率和多样化的信息资产。

麦肯锡全球研究院对大数据的定义是：一种规模大到在获取、存储、管理、分析方面大幅超出传统数据库软件工具能力范围的数据集合，其具有海量的数据规模、快速的数据流转、多样的数据类型和低价值密度四大特征。

在《大数据时代》一书中，大数据是指不用随机分析法（抽样调查），而对所有数据进行分析处理。大数据的 5V 特点为数量（Volume）、速度（Velocity）、种类（Variety）、价值（Value）、真实性（Veracity），大数据的 5V 特点如图 1–5 所示。

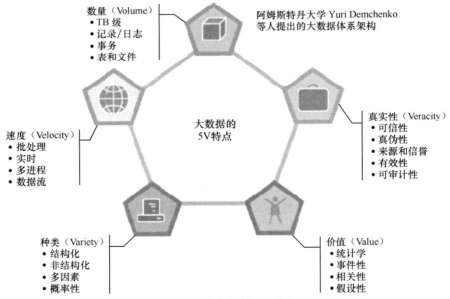

图 1–5　大数据的 5V 特点

大数据技术的战略意义不在于掌握海量的数据，而在于对这些有价值的数据进行专业化处理。换言之，如果把大数据比作一种产业，那么这种产业实现盈利的关键在于提高对数据的"加工能力"，通过"加工"实现数据的"增值"。

大数据通常用来形容一个公司创造的大量的非结构化数据和半结构化数据，这些数据被下载到关系型数据库用于分析时会浪费过多的时间和资金。大数据分析常和云计算联系在一起，因为实时的大型数据集分析需要像 MapReduce 那样向数十、数百甚至数千台计算机分配工作。适用于大数据的技术，包括大规模并行处理数据库、数据挖掘、分布式文件系统、分布式数据库、云计算平台、互联网和可扩展的存储系统。

二、大数据行业的发展

随着互联网、物联网、无线传感器、云计算等的快速发展，全球数据量出现爆炸式增长，人类社会进入一个以太字节（TB）为单位的大数据时代。海量数据每天被收集、交换、分析和整合，数据犹如一股"洪流"涌入数字世界。数据"洪流"汹涌而来，不仅仅是量的爆炸，更是数据形态革命性的变化，以及数据处理方式的延伸。大数据行业的未来发展趋势可以概括为以下 8 个方面。

（一）数据的资源化

资源化是指大数据成为社会和企业关注且争相抢夺的重要战略资源。因此，企业必须提前制订大数据营销战略计划，抢占市场先机。

（二）与云计算的深度结合

大数据离不开云计算，云计算为大数据提供了弹性可拓展的基础设备。自 2020 年开始，大数据、云计算技术的岗位缺口逐年增多，预计未来两者的关系将更加密切。此外，物联网、移动互联网等新技术，也将一起助力大数据革命，使大数据产生更大的影响力。

（三）科学理论的突破

随之兴起的数据挖掘、机器学习、人工智能等相关技术，可能会改变数字世界的很多算法和基础理论，实现科学技术的突破。

（四）数据科学和数据联盟的成立

未来，数据科学将成为一门专业学科，被越来越多的人认识。各大高校将设立数据科学类专业，催生一批与之相关的新型就业岗位。与此同时，基于数据基础平台，也将建立跨领域的数据共享平台。之后，数据共享将扩展到企业层面，并成为未来产业的核心。

（五）数据泄露泛滥

未来，大部分企业可能会面临数据攻击。而所有企业，无论规模大小，都需要重新审视数据安全。企业需要从新的角度确保自身以及客户的数据在创建之初就获得安全保障。

（六）数据管理成为核心竞争力

数据管理成为核心竞争力，会直接影响企业的财务表现。当"数据资产是企业核心资产"的概念深入人心后，企业对数据管理就有了更清晰的界定，将数据管理作为企业核心竞争力持续发展，战略性规划与运用数据资产将成为企业数据管理的核心，数据资产管理效率与主营业务收入增长率、销售收入增长率密切相关。

（七）数据质量是商业智能（Business Intelligence，BI）成功的关键

采用自助式BI工具进行大数据处理的企业将会脱颖而出。其中要面临的一个挑战是，很多数据源会带来大量的低质量数据。企业要想成功，需要理解原始数据与数据分析之间的差距，从而提升数据质量，并通过BI工具进行决策。

（八）数据生态系统复合化程度增强

大数据世界不仅是一个单一的、巨大的计算机网络，还是一个由大量活动构件与多元参与者元素构成的生态系统，终端设备提供商、基础设施提供商、网络服务提供商、网络接入服务提供商、数据服务使能者、数据服务提供商、触点服务提供商、数据服务零售商等一系列参与者共同构建的生态系统。如今，数据生态系统的雏形已然形成，接下来的发展将趋向系统内部角色的细分（市场的细分）、系统机制的调整（商业模式的创新）、系统结构的调整（竞争环境的调整），从而使数据生态系统的复合化程度增强。

三、典型就业岗位

（一）就业前景

大数据工程技术人员主要从事大数据采集、清洗、分析、治理、挖掘等技术研究，并加以利用、管理、维护和服务。到2025年，我国大数据核心人才缺口预计达到464万人。大数据行业人员的缺口对比如图1-6所示。

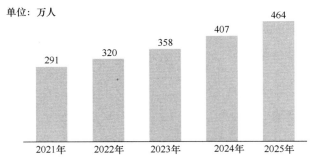

注：大数据产业包含相关基础设施、大数据及分析软件、相关IT/业务服务。
信息来源：IDC、国家统计局、教育部、高校招生文件、安永调研分析。
图1-6　大数据行业人员的缺口对比

（二）就业岗位

大数据典型就业岗位见表 1-3。

表 1-3　大数据典型就业岗位

岗位方向	关键岗位名称
大数据运维部署	大数据运维工程师、云平台运维工程师
数据挖掘与分析	大数据挖掘工程师、大数据分析工程师
大数据应用与开发	大数据开发工程师、Spark 大数据工程师、大数据架构工程师、数据可视化工程师、大数据测试工程师、大数据产品经理
大数据市场营销	大数据售前工程师、大数据销售经理

·任务五· 认识物联网

一、什么是物联网

物联网（Internet of Things，IoT）是新一代信息技术的重要组成部分，也是信息化时代的重要发展阶段。顾名思义，物联网就是物物相连的互联网。这有 3 层含义：其一，物联网是人与人之间的联网，物联网的核心和基础仍然是互联网，是在互联网的基础上延伸和扩展的网络；其二，物联网是物与物之间的联网，任何设备都可以通过智能网关进行互联和通信，实现信息交换，也就是万物互联、物物相息；其三，物联网是人与物之间的联网，例如智慧医疗技术、人脸识别技术等。

物联网通过光学识别、射频识别、传感器、全球定位系统等新一代信息技术实时采集声、光、热、电、力学、化学、生物、位置等信息，通过网络接入，实现物与物、物与人的泛在连接，实现智能感知、识别和管理，物与物、物与人的泛在连接如图 1-7 所示。物联网是智能感知、识别技术与普适计算、泛在网络的融合应用，被称为继计算机、互联网之后信息产业发展的第三次浪潮。

图 1-7　物与物、物与人的泛在连接

物联网完整的产业链覆盖物联网的感知层、网络层、应用层，涉及射频识别（Radio Frequency Identification，RFID）技术、传感器技术、物联网通信技术、金融消费移动支付技术、中间件精确控制技术、大数据处理、云计算、实时定位技术等。

感知层相当于人们的皮肤和五官，网络层相当于人们的神经中枢和大脑，应用层相当于人在社会上的分工。物联网层次如图1-8所示。

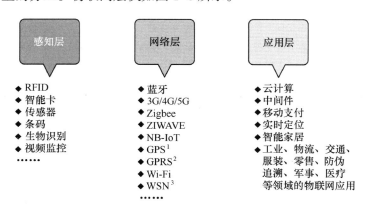

注：1. GPS（Global Positioning System，全球定位系统）。
　　2. GPRS（General Packet Radio Service，通用分组无线业务）。
　　3. WSN（Wireless Sensor Network，无线传感器网络）。

图1-8　物联网层次

二、物联网行业的发展

物联网作为我国新一代信息技术自主创新突破的重点，目前仍处于产业深化融合的成长期，有着巨大的发展与创新空间。IDC预测，在政策、经济、社会、技术等因素的推动下，2021—2025年，物联网市场规模将超过3万亿元，年复合增长率将超过8%。当前我国物联网产业链较为完善，作为数字经济时代的重要基础设施，物联网将与传统产业紧密融合，并赋能传统产业转型升级。

在物联网多元化的发展背景下，标准制定与数据安全问题引发关注。目前尚未出台统一的物联网行业标准，未来可能出现由少数厂商主导市场的局面。5G、人工智能、边缘计算、泛在连接和大数据等技术将推动物联网在不同行业中的多元化发展。物联网数据的隐私合规与数据安全将得到更多的重视，并接受更严格的监管。

三、典型就业岗位

物联网人才的技能需求跨度较大。在偏软件方向，从操作系统到计算机语言、软件开发、大数据与数据库、容器技术、网络、协议、云平台等相关技术领域都涉及物联网，因此需要软件工程师研究、应用物联网技术，实现对操作系统、物联网解决方案的规划、设计与开发；在偏硬件方向，硬器件的选型、原理图设计、电路分析、PCB layout 设计、嵌入式电子装置、嵌入式底层驱动与应用程序、无线通信模组、射频识别、射频信号处理等专业领域都涉及物联网，需要大量能助力实现万物互联的嵌入式硬件工程师。

物联网技术应用需要设备运维类专业人才。随着规模的持续扩大与应用的逐渐深入，物联网的业务场景日益丰富。除了更多能胜任体系性规划、设计、开发软硬件系统和物联网解决方案的人才（例如，解决方案架构师、产品开发软硬件工程师和售前工程师等），还亟须深入现场实施运维的专业技术人才，由其负责安装、测试与维护，全面保障物联网系统正常运行。

物联网典型就业岗位见表 1-4。

表 1-4 物联网典型就业岗位

类别	岗位
产品设计与开发	物联网产品经理、物联网产品 UI 设计师、物联网云平台开发工程师、Web 前端开发工程师、物联网 Android 开发工程师、物联网 iOS 开发工程师、物联网产品架构师、物联网技术测试工程师
硬件类	网关集成工程师、RFID 集成工程师、硬件开发工程师、芯片硬件开发工程师、硬件测试技术工程师、基础设施建设工程师、终端维护工程师
市场营销类	物联网产品运营经理、物联网高级运营专员、物联网方案经理、物联网售前工程师、物联网销售经理、售后服务技术工程师、终端产品销售工程师

任务六 认识人工智能

一、什么是人工智能

人工智能（Artificial Intelligence，AI）通常是指研究、开发用于模拟、延伸和扩展人的智能的理论、方法、技术及应用系统的一门技术科学。人工智能是计算机科学的一个分支，涉及哲学、数学、认知科学、神经生理学、心理学、计算机科学、信息论、控制论、不定性论等。AI 企图了解智能的实质，生产出一种能与人类智能相似的方式做出反应的智能机器，该领域的研究包括机器人、语音识别、图像识别、自然语言处理、专家系统等。

人工智能将广泛应用于诸多垂直领域。随着人工智能与产业深度融合，2025 年人工智能核心产业规模将超过 4000 亿元，年复合增长率将达到 27%。其他产业也将在其带动下快速扩大产能。相关调研结果显示，人工智能可以撬动的产业规模是自身产业规模的 6 倍以上。目前，我国人工智能在 ICT 产业、医疗健康产业和金融服务业的应用成熟度较高，但占比不到40%。此外，我国人工智能领域的底层基础硬件核心环节和基础理论体系尚不成熟，仍需大量的投入。未来，人工智能在我国各行各业的应用与落地仍有较大的发展空间。

人工智能将从感知智能逐步走向认知智能。感知智能是利用深度学习和大数据分析，让机器在视觉、听觉、触觉等方面执行确定任务的能力接近人类感知。认知智能则是人工智能技术发展的高级阶段，它将赋予机器数据理解、知识表达、逻辑推理、自主学习等能力，让机器成为人类认知世界和改造世界的有力工具。当前的深度学习技术主要由数据驱动，严重依赖大量的标签数据和超强算力。未来的人工智能将更多地向类脑智能方向发展，并逐步实现自适应、自调整和自学习。随着人工智能应用的深化普及，特别是在自动驾驶、医疗等重点领域，人工智能模型的脆弱性凸显、模型被攻击及误判、模型与训练数据的生命周期安全风险、人工智能伦理及取证难度等因素，均成为人工智能安全与信任方面的挑战。针对用户场景的（密码学）隐私计算技术、适应云化而出现的安全问题，人工智能与在网计算架构、人工智能的可解释性等方面的需求，都将持续对ICT人才提出更高层次、更复合型的技能要求。

二、人工智能对未来就业的影响

随着人工智能技术与行业的深度融合，其未来应用场景的构建将更多依赖跨学科领域专家进行知识抽象，并结合场景做出有效的综合性决策。为促成应用场景的落地，在硬件方面，需要研发类人脑神经形态硬件；在算法方面，需要突破海量稀疏信息检索能力限制、深化知识图谱研究；在认知智能训练方面，需要突破高频知识检索、跨领域综合知识抽取；在计算方面，需要打通高速数据传输通路，例如随机漫步、结构采样的图式计算问题，这些问题都催生了跨领域的高层次人才需求。人工智能/数据科学家对于人脑学习机制、认知心理学、神经科学等领域的创新研究，让人类神经元与硅基电路的关系日渐紧密。目前，我国人工智能的底层核心技术仍需突破，因此需要大量的人工智能科学家担任数字化领导者，引领人工智能关键方向的科研创新与突破。

随着人工智能产业规模不断扩大，人工智能领域的人才需求呈大幅增长趋势。人工智能工程技术人员被人力资源和社会保障部认定为新职业，主要从事人工智能、深度学习等多种技术的分析、研究、开发，并对人工智能系统进行设计、优化、运维、管理和应用。国务院在《新一代人工智能发展规划》中指出，人工智能尖端人才远远不能满足需求，并把加快培养聚集人工智能高端人才作为重点工作布局。据预测，2025年人工智能相关领域的人才缺口将达到378万人。

三、典型就业岗位

人工智能典型就业岗位见表1-5。

表1-5 人工智能典型就业岗位

岗位方向	关键岗位名称
人工智能产品的整体设计、开发和维护	人工智能工程师、人工智能架构师、程序开发工程师
人工智能模型和算法的研究、设计和开发	算法工程师、人工智能训练师、人工智能运维工程师
自然语言处理技术的研究与开发	自然语言处理工程师、商务拓展专家

 职业发展通道案例

一、职业发展通道

职业发展通道一般分为行政晋升通道、研发晋升通道和营销晋升通道，职业发展通道如图1-9所示。根据霍兰德职业兴趣理论，我们可以参考项目二的内容，对自己的职业发展通道做出更具体的分析，霍兰德职业兴趣类型如图1-10所示，霍兰德职业兴趣对照如图1-11所示。

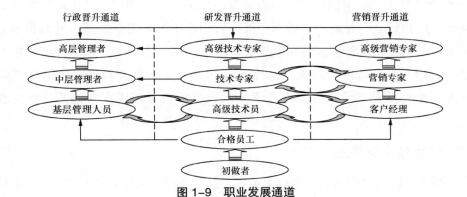

图 1-9 职业发展通道

图 1-10 霍兰德职业兴趣类型

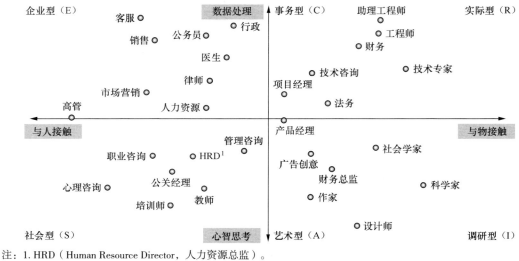

注：1. HRD（Human Resource Director，人力资源总监）。

图1-11 霍兰德职业兴趣对照

二、行政管理类岗位

行政管理类岗位是指担负领导职责或管理任务的工作岗位，这个岗位的设置要适应增强单位运转效能、提高工作效率、提升管理水平的需要。按其所处的管理层次分为高层管理人员、中层管理人员和基层管理人员。按其所从事管理工作的领域及专业分为综合管理人员和专业管理人员。综合管理人员是指负责管理整个组织或组织中某个事业部全部活动的管理者。专业管理人员仅负责管理组织中的某一类活动（或职能）。

三、研发技术类岗位

研发技术类岗位是指从事专业技术工作、具有相应专业技术水平和能力要求的工作岗位。这个岗位的设置要符合专业技术工作的规律和特点，包括产品研发设计类、软硬件开发测试和维护类、产品安装调试等岗位。研发技术类岗位按职级通常分为技术总工、技术顾问、技术专家、高级工程师、中级工程师、初级工程师等。

四、营销业务类岗位

广义上，营销业务类岗位是指企业中直接或者间接从事营销工作的工作岗位，包括总经理、业务经理、市场经理、区域经理、业务代表等。

第一，根据销售职责分类，销售职责包括从最简单到最复杂的所有销售活动，简单的销售活动只需要销售人员保持现有的客户资源并接受客户订单，创造性的销售活动则要求销售人员寻找潜在客户并发展其为企业的实际客户。根据销售职责，销售人员可以分为以下5类。

☆简单送货型销售人员：主要负责把客户已购买的产品送到客户手中。

☆简单接单型销售人员：主要负责把客户的订单转交给企业的生产部门。

☆客户关系型销售人员：主要负责在客户中间维持良好的企业声誉，使客户满意。

☆技术型销售人员：主要负责向客户提供技术方面的服务，提高客户的忠诚度。

☆创造型销售人员：主要负责寻找产品的潜在客户并把他们转变为企业的实际客户。

第二，按照销售人员在产品流通链中所处的位置，销售人员可以分为厂家销售人员和商家销售人员。厂家销售人员不直接面对客户，而是面对商家和经销商，其主要的工作内容是管理客户、规范价格、维护市场等。商家销售人员则直接面对客户，进行店面管理和现场管理。

思考练习

1. 在校期间，你需要储备哪些知识？
2. 你需要获得哪些职业资格证书？

拓展训练

行业调研报告制作训练

请以小组为单位，分工合作，提交一份 Word 报告和一份 PPT 演示文稿。考虑实际操作的可行性，调研方向从行业人才需求分析、行业典型岗位分析、行业发展状况分析中任选一种即可。请职业导师结合学生的实际情况制定报告的具体要求及演讲的相关要求。

项目总结

我们在探索职业世界时，应了解与自己所学专业相关的职业有哪些。学习专业知识的目的是帮助我们更好地发展自我。当我们用更广阔的思路看工作时，我们会更加包容我们的专业。《中华人民共和国职业分类大典（2022 年版）》按照"以工作性质的相似性为主、技能水平的相似性为辅"的分类原则，将职业划分为 8 个大类、79 个中类、449 个小类、1636 个细类。与《中华人民共和国职业分类大典（2015 年版）》相比，增加了法律事务及辅助人员等 4 个中类，数字技术工程技术人员等 15 个小类，碳汇计量评估师等 155 个职业（含《中华人民共和国职业分类大典（2015 年版）》颁布后发布的新职业）。近年来，随着互联网的发展，很多由互联网衍生的职业应运而生，社会上的职业种类绝不止这些。因此，大多数人可以选择的职业种类很多。但我们要明白一个道理，没有一种工作能够完全满足你所有的需求，你需要通过其他活动平衡你的生活。当然，随着互联网时代的发展，很多新鲜的职业诞生，工作形式和工作环境不断变化。本书纵然介绍了典型岗位，但同学们仍然需要不断地探索和研究，随时做好创新的准备。

笔记：

项目二
设计职业生涯

项目简介

　　张长弓回母校进行的演讲颇受学弟学妹们的欢迎。在现场，他公布了自己的联络方式，希望以自己的微薄之力给予他们一些帮助。过了一周，张长弓收到了学弟曾海的短信。曾海表示：通过一年的大学生活，自己已经接触了部分专业基础课程，并对ICT行业进行了相关的学习研究，也积极通过网络媒介知晓了部分未来的就业岗位，但对职业生涯仍然感到迷茫……

　　于是，张长弓结合自己的职场经验，和曾海分享了开展大学生职业生涯规划的方法。通过本章的学习，你将找到属于自己的理想职业目标，明确当前与理想职业目标的差距，并能够为弥补差距制订一系列的行动计划，设计出适合自己的职业生涯规划书，从而提升你的综合职业能力，为毕业后从事理想的工作做充分的准备。

1. 认识职业生涯规划的路径和步骤。

2. 能够深度分析自我和探索环境，并结合自己所学的专业知识，探究理想的职业目标，并利用科学的决策方法进行职业决策。

3. 针对职业决策结果，合理规划大学生活，弥补职业能力差距，提升就业能力。

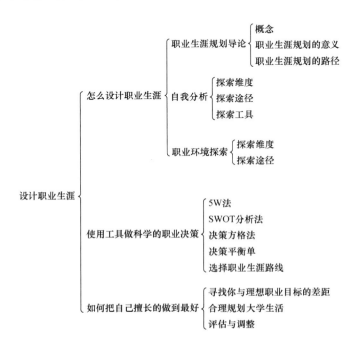

案例讨论

探究大学生做职业生涯规划的目的

1. 活动材料：职业导师展示简历案例。
2. 活动过程：分组讨论职业生涯规划的意义并分享讨论结果。
3. 结论：职业生涯规划的目的。

·任务一· 怎么设计职业生涯

或许，有的同学和曾海一样感到困惑：毕业后我能做什么？我可以做什么？未来我究竟应该从事哪种岗位？应该为了我的目标做怎样的规划？下面，我们一起来学习相关知识。

一、职业生涯规划导论

职业生涯规划也叫"职业规划"，根据中国职业规划师协会的定义，它是指人一生中的职业历程。个人职业生涯设计，是指个人与组织相结合，在对一个人的职业生涯的主客观条件进行测定、分析、总结的基础上，对自己的兴趣、性格、能力、价值观进行综合分析与权衡，结合当前的职业环境的特点，确定最佳的职业奋斗目标，并为实现这个目标制订行之有效的计划。

（一）概念

什么是职业呢？根据中国职业规划师协会的定义，职业通常是指个人服务社会并作为主要生活来源的工作，在特定的组织内表现为职位，即岗位，例如通信工程设计师。

知名的职业生涯学家麦克弗兰德介绍，生涯是指一个人依据心中的长期目标所形成的一系列工作选择，以及相关的教育或训练活动，是有计划的职业发展历程。也就是说，生涯是指与个人终生所从事的工作或职业等有关的活动过程。

什么是职业生涯呢？知名的职业生涯学家沙特尔对此给出定义：职业生涯是以心理、生理、智力、技能、伦理等人的潜能开发为基础，以工作内容的确定和变化、工作业绩的评价、工资待遇、职称职务的变动为标志，以满足需求为目标的工作经历和内心体验的经历。职业生涯是一个动态过程，是指一个人一生的工作经历，特别是职业、职位的变迁以及工作理想的实现过程。

（二）职业生涯规划的意义

首先，我们要了解职业生涯规划的目的，找到适合自己的工作。磨刀不误砍柴工，我们应该在有清晰的认识与明确的目标后再把求职行动付诸实践。良好的职业生涯规划有利于引导在校大学生正确认识自我，合理规划大学期间的生活。

其次，好的规划是成功的开始。古语云："凡事预则立，不预则废。"职业生涯发展要有计划、有目的，不可盲目地"撞大运"。有些应届毕业生往往在没有做好自己的职业生涯规划时就拿着简历到处求职，总想凭借好运气找到好工作，结果却浪费了大量的时间、精力与资金，到头来只能感叹招聘单位不能"慧眼识英雄"，感叹"英雄无用武之地"。

最后，通过职业生涯规划谋求职业发展。在大学期间，我们应该制订今后各个阶段的发展规划，并制订攻坚克难计划，对意向行业及岗位所在的市场状况、行业前景、职位要求、入行条件、培训考证、工作业务、薪酬提升等做出相应的准备。机会总是留给有准备的人。

从人力资源的角度出发，用人单位非常看重新员工的职业生涯规划是否明确，目标是否清晰，是否与公司的发展目标一致。若求职者具备相应的规划，用人单位则对其更加青睐。毕竟，求职者的求职意向是经过深思熟虑的。

总之，职业生涯规划的核心意义是提升个人综合素质，增强就业核心能力，增强未来职业发展的目的性与计划性，提升自己应对竞争的能力。职业生涯规划的最终意义在于自我实现、自我超越。

（三）职业生涯规划的路径

职业生涯规划是一个知己（自我分析）、知彼（职业环境分析）的过程，合理树立职业目标、确定职业路径是非常有必要的。大学生应通过科学的决策方法确定理想的职业目标（或对职业意向目标进行排序），根据职业要求，即人力资源市场对该工作的任职要求，寻找职业能力差距，制订弥补能力差距的行动计划，即合理规划大学生活；用高效的行动去实现职业目标，树立良好的职业生涯发展理念，进行科学的自我评估，从而提升职场竞争力。

二、自我分析

（一）探索维度

自我分析可从职业兴趣、职业性格、职业能力、职业价值观 4 个维度开展，这 4 个维度与职业生涯规划有着密切的联系。职业生涯规划之自我分析的 4 个维度如图 2-1 所示。

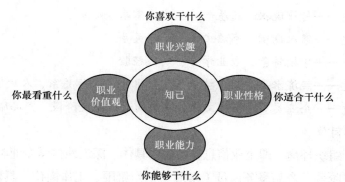

图 2-1 职业生涯规划之自我分析的 4 个维度

☆职业兴趣：你喜欢干什么，找到自己感兴趣的工作，将是你职业生涯最大的幸福。

☆职业性格：你适合干什么，发挥你的性格优势，为你的职场表现加分。

☆职业能力：你能够干什么，找到自己擅长的工作，发挥优势，可以提升成就感。

☆职业价值观：你最看重什么，找到与自己的价值观最匹配的工作，可以提升工作主动性。

（二）探索途径

关于自我分析的 4 个维度，可以通过以下途径完成。

☆关于职业兴趣：兴趣岛、霍兰德职业兴趣测试系统。

☆关于职业性格：MBTI 性格测试、九型人格性格测试、360 度评估、橱窗分析法。

☆关于职业能力（通用）：职业能力倾向测试、国家公务员考试"行政职业能力测验"。

☆关于职业价值观：职业锚（职业价值观）测试。

三、职业环境探索

（一）探索维度

知己知彼，方能百战不殆。职业生涯规划的第二步是职业环境探索。职业环境探索可以通过以下 6 个维度开展。职业环境探索的 6 个维度如图 2-2 所示。

图 2-2 职业环境探索的 6 个维度

☆社会环境——就业形势、就业政策、竞争对手。

☆行业环境——行业现状、发展趋势、市场需求。

☆家庭环境——家人期望、家族文化、社会关系。

☆教育环境——学校特色、专业学习、实践经验。

☆地域环境——经济水平、文化特点、气候水土、人际关系、人域匹配分析。

☆组织环境——企业类型、企业文化、发展前景、发展阶段、产品服务、员工素质、工作氛围、工作岗位。

其中，关于组织环境，即企业信息，还需要具体、深入地探索企业类型、企业文化、发展前景、发展阶段、产品服务、员工素质、工作氛围、工作岗位。具体到工作岗位，还应探索工作职责、任职要求、薪酬福利、晋升通道、发展前景、人岗匹配。组织环境的探索内容如图2-3所示。

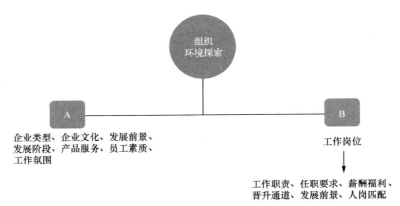

图2-3　组织环境的探索内容

（二）探索途径

职业环境探索可以通过以下途径开展，职业环境探索途径如图2-4所示。

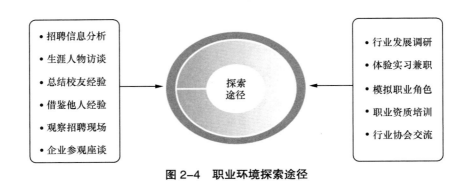

图2-4　职业环境探索途径

（三）探索工具

获取职业信息的途径如图2-5所示。

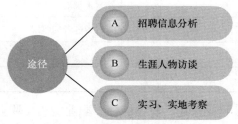

图2-5 获取职业信息的途径

1. 招聘信息分析

① 自选一个工作岗位，例如手机硬件测试工程师等。

② 登录人才招聘网站查看相关招聘信息，例如通信人才网、智联招聘网、××市人才网等。

③ 对招聘信息进行分析，同时关注企业信息。

2. 生涯人物访谈

① 生涯访谈的流程。

☆认识和了解自我需求。

☆寻找生涯人物。

☆设计生涯访谈方案。

☆预约生涯人物。

☆采访生涯人物。

☆撰写访谈报告并对访谈结果进行分析评价。

② 生涯人物访谈问题提纲。

生涯人物访谈问题提纲见表2-1。

表2-1 生涯人物访谈问题提纲

职业信息方面	职业生涯经验方面
1. 工作性质、任务或内容	1. 个人教育或训练背景
2. 工作环境、工作地点	2. 投入该职业的决策过程
3. 所需教育、训练或经验	3. 职业生涯发展历程
4. 所需个人资格、技能	4. 工作心得：乐趣和困难
5. 收入或薪资范围、福利	5. 对工作的看法
6. 工作时间	6. 获得成功的条件

续表

职业信息方面	职业生涯经验方面
7. 相关就业机会	7. 未来规划
8. 进修和升迁机会	8. 对后进者的建议
9. 组织文化和规范	
10. 未来发展前景	

通过内部自我分析（职业兴趣、职业性格、职业能力、职业价值观）和外部职业环境探索，你可以得出职业意向目标。如何对你的职业意向目标进行科学的决策、定位，确立最向往的职业目标和备选职业目标，即确定理想职业目标并设计职业生涯路线，详见任务二。

·任务二· 使用工具做科学的职业决策

在该小节，张长弓将带领你了解 4 种决策方法。这 4 种决策方法不仅适用于职业决策，在生活中也同样适用。当你面对多项选择且难以决策时，科学的决策方法将客观地呈现决策结果供你选择，这特别适合有"选择困难症"的人。4 种决策方法包括 5W 法、SWOT 分析法、决策方格法和决策平衡单。

一、5W 法

5W 法，即在决策过程中反复提问自己 5 个问题。若你的决策结果能回答这 5 个问题，那么用此方法进行的职业决策就是你理想的职业目标。这 5 个问题如下。

☆ Who am I ?　　　　　　　　我是谁

☆ What do I want ?　　　　　　我想要什么？

☆ What can I do ?　　　　　　　我能做什么？

☆ What can support me ?　　　　有什么资源支持我？

☆ What can I be in the end ?　　我的终极目标是什么？

二、SWOT 分析法

SWOT 分析法，即进行态势分析，将与研究对象密切相关的各种内部个人因素（优势、劣势），以及外部环境因素（机会、威胁），通过调查列举出来，并依照矩阵形式排列，然后用系统分析思维，将各种因素相匹配后加以分析，从而得出一系列相应的结论，做出相应的决策，SWOT 分析法见表 2-2。

表 2-2 SWOT 分析法

因素	优势	劣势
内部个人因素	优势（Strength）：你可以控制并且利用的内在积极因素。 • 你最优秀的品质 • 你的能力体现 • 你曾经学习了什么 • 你曾经做过什么 • 最成功的经历是什么 ……	劣势（Weakness）：你可以控制并努力改善的内在消极因素。 • 你的性格有什么弱点 • 你的经验或者经历还有哪些不足 • 最失败的经历是什么 ……
外在环境因素	机会（Opportunity）：你不可控制但可利用的外部积极因素。 • 社会环境对你的职业发展目标的支持 • 地理位置优越 • 专业发展带来的机会 • 就业机会增加 ……	威胁（Threat）：你不可控制但可弱化的外部消极因素。 • 名校毕业的竞争者 • 同专业的大学生带来的竞争 ……
个人真实的特点：		
总体鉴定（评估职业发展目标）：		

三、决策方格法

决策方格法是用直观的数字呈现选择结果，在日常生活中运用得较多，具体步骤如下。

第一，列出你最向往的 2～3 个职业生涯发展目标。

第二，根据你的个人情况，从个人价值的满足程度、兴趣的一致程度、专长的施展空间等方面思考自己的职业发展目标，并评估每个职业目标的回报等级，其中"优"为 4 分、"良"为 3 分、"中"为 2 分、"差"为 1 分。

第三，从职业发展机会中对能力与经验的要求、学习限制、发展前景等方面，评估每个职业发展目标的机会，其中"优"为 4 分、"良"为 3 分、"中"为 2 分、"差"为 1 分。

第四，根据你对回报和机会的评估结果，在职业目标决策方格中找到相应的位置，并将职业目标填入"决策方格"中。

第五，将每个职业发展目标的回报和机会的得分相乘，乘积最大的就是最适合你的职业目标。

小静是 ICT 产教融合学院的大二学生，她在做职业生涯决策的过程中得出 4 个职业意向目标，且要在这 4 个目标中确定一个首选的职业目标。通过张长弓的帮助指导，小静使用决策方格法做出了决策。小静职业目标的决策方格见表 2-3。

表2-3　小静职业目标的决策方格

回报	小静的职业目标			
优			设计院项目监理	
良	设计工程师（CAD专员）	招投标专员	勘测工程师	
中				
差				
机会	优	良	中	差

通过表格可知，小静4种职业目标的决策结果如下。

设计院项目监理：$4 \times 2=8$。

勘测工程师：$3 \times 2=6$。

招投标专员：$3 \times 3=9$。

设计工程师（CAD专员）：$3 \times 4=12$。

经过评估后，设计工程师（CAD专员）成为小静的首选职业，其次是招投标专员和设计院项目监理，勘测工程师为小静待考虑的职业。

四、决策平衡单

当我们面临多种职业意向目标时，每种选择都会对我们产生不同的影响。决策平衡单把这些选择可能产生的影响归纳到统一的框架中进行分析，引导大家认真思考每种选择对自身和他人造成的影响，并按照重要性给每个因素赋予权重，最后对每个选项给出分数。该决策方法考虑的因素最为全面，结果以客观数据呈现，在职业生涯决策过程中应用得较多，同时在生活中也广泛应用，具体步骤如下。

第一，列出3～5个有意向的职业选项，并将其排列在决策平衡单的顶部。

第二，判断各个职业选项的利弊得失，集中从以下4个方面进行评估，分别是自我物质方面的得失、他人物质方面的得失、个人精神方面的得失和他人精神方面的得失。

自我物质方面的得失包括收入、升迁机会、工作稳定性、工作环境安全、休闲时间、对健康的影响、就业机会、足够的社会资源等；他人（父母、师长、配偶等）物质方面的得失包括家庭经济、家庭地位、与家人相处的时间等；个人精神方面的得失包括兴趣的满足、能力的满足、价值观的满足、生活方式的改变、成就感、自我价值实现的程度、挑战性等；他人（父母、师长、配偶等）精神方面的得失包括成就感、自豪感、依赖感等。

第三，为各考虑项目赋予权重：对个人而言，每个项目的价值是不同的，个体可以主观地给每个项目赋予权重（例如1～5），项目越重要，其权重越高，5为最高权重，表示"非常重要"，3代表"一般"，1代表"最不重要"。

第四，综合考虑项目评分，决策者为每个项目赋予数值，代表得失程度，"+""–"

号代表得与失，分值为 –5 ～ 5，其中"5"代表"完全满足"，"0"代表"不知道或无法确定"，"–5"代表"完全不满足"。

第五，逐一计算各个职业选项的得分，与权重相乘，计算各个职业选项的总分。

第六，将每个项目的所有正负积分相加得出总分，排出各个职业选项的优先顺序，作为个体职业生涯决策的依据。

王星是一名大二学生，面对自己的 3 个意向职业，苦恼于无法选出职业目标。他主动向学长张长弓求助。通过学长张长弓的帮助，他利用决策平衡单做出以下分析，王星的职业决策平衡单见表 2–4。

表 2–4　王星的职业决策平衡单

考虑因素 （加权范围 1 ～ 5）	最想从事的职业 （公务员）		最想从事的职业 （软件开发）		最想从事的职业 （创业）	
	得（＋）	失（－）	得（＋）	失（－）	得（＋）	失（－）
1. 符合自己的兴趣（×5）	6×5=30		8×5=40		6×5=30	
2. 符合自己的能力（×4）	7×4=28		5×4=20		7×4=28	
3. 符合自己的价值观（×5）	5×5=25		6×5=30		7×5=35	
4. 未来有发展空间（×5）	6×5=30		6×5=30		7×5=35	
5. 较高的社会地位（×3）	8×3=24		3×3=9		7×3=21	
6. 符合自己理想的生活形态（×3）	8×3=24		4×3=12			–5×3=–15
7. 带给家人声望（×2）	7×2=14		3×2=6		6×2=12	
8. 有利于择偶以建立家庭（×4）	5×4=20		4×4=16		4×4=16	
9. 优厚的经济报酬（×4）	4×4=16		8×4=32		5×4=20	
10. 足够的社会资源（×4）	7×4=28		4×4=16		6×4=24	
总分	239		211		206	

根据决策平衡单的结果，王星最终选择成为公务员，并着手准备公务员考试。

亲爱的同学们，我们在生活中也常遇到不知如何选择的情况，不妨试试决策平衡单，它能帮你尽可能全面、客观地做出各种决策分析。

五、选择职业生涯路线

通过以上学习，我们已经充分了解了做决策的方法。那么如何选择职业生涯路线呢？下面，请根据你的理想职业目标设计职业生涯路线。职业生涯路线的设计依据目标职业发展通道，即专业技术路线、市场路线和管理路线。技术、业务和管理岗位职业生涯路线如图 2–6 所示。

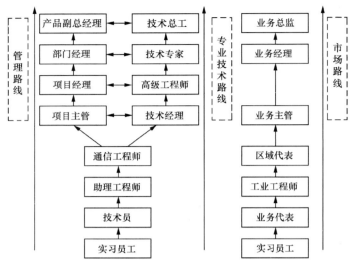

图 2-6　技术、业务和管理岗位职业生涯路线

任务三　如何把自己擅长的做到最好

按照职业生涯规划的步骤，你已经确定了首选的理想职业目标。此刻，你是否感觉前途一片光明？你是否想毕业后拿着你的简历奔向你向往的企业？你还需要做什么？

本节的思路：你与理想职业目标的差距等于理想职业目标要求的能力素质减去你现有的能力素质，根据不足来制订弥补差距的行动计划。

一、寻找你与理想职业目标的差距

经过上次的会面，张长弓对这个积极开朗的学弟印象很好。某天下班后，张长弓接到曾海同学的电话。

曾海："学长好！上次您与我分享了一些与职业生涯规划相关的知识及个人经历，我很受用。我们本学期的职业素质课程也涉及相关内容，上周老师还让我们做了行业调研。通过对 ICT 行业的了解，我对网络优化工程师特别感兴趣，因此想对该岗位有更深入的了解，从而对未来的大学生活做科学的规划。我可否请学长指点迷津？"

张长弓："这样吧，这个问题在电话里说不清楚，这周末我抽个时间，咱们见面细聊，好吗？"

周末早上，在学长张长弓的辅导下，曾海得出了以下结论。

（一）关于"LTE 网络优化工程师"的工作岗位的需求

1. 工作内容

☆对网络的总体覆盖情况进行测试分析。

☆查找"孤岛效应"、越区覆盖、盲区、小区主控覆盖不明显等网络覆盖问题，清楚网络的覆盖状况。

☆负责处理客户投诉。

2. 专业技能

☆大专以上学历。

☆中级工程师。

☆熟悉 LTE 网络原理，理解无线参数，熟悉各种接口信令流程和协议。

☆具有丰富的 LTE 性能分析优化能力。

3. 职业素养

☆良好的计划能力、执行能力、协调能力和人际沟通能力。

☆积极主动，具备团队意识和责任心，能够承受较大的压力。

☆从事过 GSM/TD/LTE 网络规划的求职者优先。

（二）自己当前具备哪些能力

☆大二第一学期，担任学生会外联部副部长，参与高校篮球联谊赛，同时准备竞聘第三届 ICT 协会会长一职，具有一定的活动组织能力、协调能力和沟通能力。

☆学习过基础的专业课程，本学期将涉及核心专业课程，例如 4G LTE 等。

（三）自己与理想职业目标的差距

1. 专业技能

☆不具备中级工程师资格。

☆即将学习 LTE 专业课程。

☆不具备专业课程 LTE 性能分析的实践经验。

2. 职业素养

☆有一定的计划和执行能力，协调能力和沟通能力还有待提高。

☆具有团队意识，但参与团队活动较少，仍需进步。

☆具有一定的责任心和抗压能力，但目前参与实践活动较少。

☆大二学生，没有任何关于 GSM/TD/LTE 网络规划的实习、实践经历。

二、合理规划大学生活

曾海找到了与自己理想职业目标的差距，在老师的帮助下，他做出以下规划。

（一）大二

1. 专业技能

☆专业课程和实操成绩均在本专业排名前十。

☆通过英语四级考试，成绩不低于450分。

☆通过计算机二级考试。

☆利用暑假做网络优化、网络测试等实习工作。

2. 职业素养

☆晋升为学生会外联部部长，除日常工作，至少组织一场联谊赛（足球或篮球）；同时培养新人，为大三开学交接工作做准备。

☆参加春运火车站志愿者服务工作，强化服务意识。

☆成功竞聘ICT协会会长一职，并组织策划ICT协会年度活动计划，提升计划、执行、团队建设等管理能力。

（二）大三

1. 专业技能

☆专业课程和实操成绩均在本专业排名前十。

☆利用暑假做网络优化、网络测试等实习工作，为考取华为中级工程师做准备。

2. 职业素养

☆辞去学生会外联部部长一职，专心建设ICT协会团队，并培养新人，为大三下学期的交接工作做准备。

☆组织一场公益募捐活动，在重阳节举办"为养老院送爱心"活动。

（三）大四

1. 专业技能

☆毕业设计在本专业排名前十。

☆争取进入理想企业实习，并在实习期间考取华为中级工程师资格证。

☆被评为"优秀实习生"，留在用人单位继续工作。

2. 职业素养

☆指导ICT协会，策划本届通信专业毕业生晚会，并筹集晚会的所有费用。

☆获得"优秀毕业生"称号。

三、评估与调整

经过与学长张长弓的沟通，曾海不再困惑，在这个过程中，他想起职业导师在课堂上讲过的一段话：职业生涯规划是一个动态的过程，在计划实施的过程中要不断地评估并调整、优化，及时了解情况的变化，通过分析实际情况和目标的实现程度，做好职业目标的考核、修改和调整，重新制定适合自身发展的职业目标，确保目标的可行性。

在学长张长弓的帮助下，曾海拟写了《大学生职业生涯规划书》，关于评估的内容如下所示。

（一）评估的内容

1. 职业目标评估

第一，假如我不适合做系统集成商的网络优化工程师，我可以选择电信运营商或工程建设单位的网络优化工程师岗位。

第二，假如在公司不被器重，或者薪酬福利与同等水平差距悬殊，或者管理理念与个人价值观不匹配甚至矛盾时，我会选择离开该公司，寻求新公司。

2. 职业路径评估

第一，在大学期间，假如一直没有与网络优化工作对口的实践、实习机会，我会选择到相关企业的关联岗位实习。

第二，在工作期间，假如职业通道的技术路线受阻，我会适当调整职业路线，朝着与本业务相关的市场类方向发展。

第三，在工作中后期，假如该职业发展无法满足个人事业的发展需求，我会考虑创业，发展相关业务。

3. 实施策略评估

第一，在大学期间，如果计算机二级考试、英语四级考试在大二第一学期没有通过的话，我会考虑参加辅导班强化学习。

第二，在工作初期，如果无法进入理想的企业做网络优化工作且相关企业的关联岗位有招聘需求，可以先应聘关联岗位，后期凭借能力申请转岗。

第三，在工作中期，如果遭遇事业瓶颈期，在本岗位无法做出出色的业绩，若有更合适的机会，可以主动申请业务外派或者转岗，充分发挥新潜能，突破瓶颈。

（二）评估的时间

在大学期间，每学期评估一次，根据对大学生活的规划来评估，及时调整职业规划。

在工作初期，每年评估一次。

在工作中期，每两年评估一次。

在工作后期，每五年评估一次。

当遇到重要问题时，及时评估并调整。

在曾海求助张长弓的过程中，我们学习了如何设计个人的职业生涯规划，学会了在职业生涯设计中如何评估与调整。更重要的是，我们学会了如何规划自己的大学生活，更高效地利用大学时间提升自己的综合素质。

思考练习

1. 请使用思维导图阐述职业生涯规划的步骤。
2. 你是通过什么途径、方法来获取职业信息，并找到职业差距的？
3. 为缩短你的职业差距，请对大学剩余的时间做具体的合理规划。

拓展训练

大学生职业生涯规划书

请同学们结合自身的实际情况，拟一份《大学生职业生涯规划书》，必须包含自我认知、职业认知、职业目标的确定与行动计划的制订、评估与调整，版面的具体要求由职业导师根据实际情况设定。

项目总结

本章轻理论、重实操，教会你如何开展个人职业生涯规划、撰写《大学生职业生涯规划书》，强调步骤和方法。希望通过本章的学习，你能够明确个人的职业方向，合理规划自己的大学生活，提高综合就业能力。与此同时，希望学习本章的同学认识到，要想到达你的"目的地"，路途并不是一帆风顺的，一定会有各种障碍和突发情况，例如，行业的变化、人工智能对就业环境的影响等，而提升自己的能力才是永恒的、一以贯之的主题。

笔记：

项目三

明确投标任务

项目简介

　　经过项目部、商务部、法务部及产品行销部的系统评估，CCA信息公司决定竞标"××运营商网优集采项目"，为此成立了投标项目组，立志全力夺标。项目组人员包括商务部经理、法务部经理、产品行销部经理、福建分公司总经理木易及助理王小梅、项目经理龙旭、项目助理李木子、网络优化工程师张长弓和刘定安，以及实习生邵海棠和陈凯丽。为了提高招投标工作的效率和质量，充分发挥公司各部门的作用，项目组需要在招标工作开始前进行明确的项目分解、人员分工，项目部为此召开了项目会议。项目经理龙旭有意培养张长弓，特意安排张长弓来筹备这次会议，但张长弓尚无独立筹备此类大型项目的经验，对如何管理目标、分解任务没有太大的把握。带着疑问，好学的张长弓去请教了项目经理龙旭。

 **项目目标**

1. 掌握 SMART 目标管理的含义。
2. 学会运用 WBS 分解项目任务。
3. 学会运用 5W2H 任务分解法发现、解决问题。

 **知识图谱**

明确投标任务

- SMART目标管理
  - 明确原则（Specific）
  - 可衡量原则（Measurable）
  - 可实现原则（Attainable）
  - 相关性原则（Relevant）
  - 期限性原则（Time-bound）
- WBS分解项目任务
  - WBS的具体含义
  - WBS的3个关键词
  - WBS的分解原则
  - WBS的分解标准
  - WBS的分解方法
  - WBS的检验标准
- 5W2H任务分解法
  - 5W2H原理分析
  - 5W2H案例分析
  - 5W2H标准工作计划书

情景模拟

项目会议情景剧表演

1. 会议背景

为了提高招投标工作的效率和质量，充分发挥公司各部门的能力，根据"人尽其才"的原则，项目组需要在投标工作前进行明确的项目分解、人员分工。

2. 角色扮演

总经理、总经理助理、区域项目经理、项目经理、项目助理、网络优化工程师、实习生。

3. 会议流程

项目分析　　标书解读　　任务安排　　答疑解惑　　项目总结

4. 活动总结

你从这个活动中得到了什么启发？

任务一　SMART 目标管理

看到张长弓现在的情况，龙旭想起了自己刚参加工作时的经历，他向张长弓讲述了自己当年的经历。

"那会儿我刚到广州，在一家 100 人左右的通信公司工作，老板非常直爽，对员工一视同仁、非常关心。有一天，主管让我查找一些培训机构的信息，之后就去忙其他事了。我上网找资料，搜集了大半天，找出几家比较好的培训机构的信息，包括其特点、地点等，交给了主管。主管瞟了一眼就把文件退了回来，说：'我要的是广州、深圳的培训机构，不是这些外省的。'随后又递给我一张入职申请表，让我拿进去找老板签字。我还在想：是主管自己交代工作的时候没有说清楚。"但想着快点签完字回去重新搜集信息，于是拿着入职申请表就直接进了老板办公室。

"老板拿到入职申请表，问这是哪个部门的，我说是研发部的；又问我是哪个区域要人，是新增的岗位还是有人离职后的替补岗位，我只能回答不知道。老板明显不满意，不过他还是很客气地让我坐下来，与我交谈了一番：'你的主管从公司开创到现在一直跟着我，他的为人、做事的方式，我都是知道的，但你自己要懂得去学习、去问，你要知道拿表让我签字，并非只是签字这么简单，我随时会想要了解更多的信息，这些你在进来之前就应该做好准备，只有这样，你才能有所进步、有所提升。'老板的话让我印象深刻，也让我受益匪浅。之后的工作，在着手之前，我都会运用 SMART 原则，尽量明确目标、找准方向再执行。"

SMART 原则由表示确定目标的 5 个基本原则的英文首字母组成。SMART 原则如图 3–1 所示。

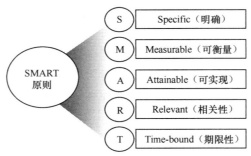

图 3–1　SMART 原则

一、明确原则（Specific）

明确原则是指要用具体的语言清楚地说明要达成的行为标准。拥有明确的目标是大多数成功团队的一致特点。

上级领导在安排、分配任务给下属时，应该说清楚要求，给予下属明确的信息。而下属虽然无法选择自己的领导，但一定要积极主动地思考与沟通。当上级领导安排工作时，下属应主动询问工作的目标和任务的标准，尽可能多地获取信息，才能明确工作方向，保证工作结果与上级领导的要求一致。通过主动沟通，上级领导也能看到下属的自主性。当下属出色地完成任务后，上级也会认可下属的能力并信任下属。

二、可衡量原则（Measurable）

可衡量原则是指目标应该是明确的，而不是模糊的，应该有一组明确的数据，作为衡量是否达成目标的依据。例如，主管要培训机构的信息，那么要哪些信息、搜集到怎样的程度才算达成工作目标。在老板那里受了启发后，龙旭主动询问了主管。而主管也告诉他，要 6 家培训机构的信息，包括培训机构的地点、联系方式、特点、主要课程的介绍。

有了更明确、可衡量的工作目标，工作起来也更加顺畅，毕竟心中有数，自己能够更好地把控工作的质量。上下级应该统一工作目标的衡量标准，如果没有可衡量的分析数据，那么上下级对团队目标就可能产生分歧。当目标不能用数据来衡量时，可以考虑将目标细化，分成多个角度、维度去确认目标是否达成。

三、可实现原则（Attainable）

可实现原则是指设定的目标能够被执行人接受且通过努力可以实现。执行人在接受任务前要先评估，如果有一点困难没关系，努力一下应该就可以了。如果有一定的困难，应该跟上级领导确认是否有资源支持：如果有，那么可以接受；如果困难太大，则要学会拒绝。毕竟，目标应该是由上级领导和执行人共同制定的。

当然，不能在未开始努力前，就先想着遇到的困难。上级领导应与下属多沟通，让下属也参与目标制定的过程，不管是团队的工作目标，还是个人的工作目标。同时，目标要制定得合理，如果过高，不仅没有办法激励下属努力，反而会使其产生消极想法。努力跳一跳，或者借助其他工具可以达成的，才是相对合理的目标。所以，你可以制定出跳起来"摘桃"的目标，但不能制定跳起来"摘星星"的目标。

四、相关性原则（Relevant）

目标的相关性是指实现该目标与其他目标的关联情况。如果实现了这个目标，但与其他目标完全不相关或者相关度很低，那么即使实现了这个目标，意义也不是很大。主管让龙旭查找培训机构，是为什么呢？实际上是为了之后做好管理培训计划书。因此，龙旭要搜集的培训机构信息，就应该以开设专业管理培训课程的机构为主，若查找以工厂班组管理、技术提升为主要课程的机构，就难免有些跑偏了。

工作目标的设定应该与工作目的相关联，最后的交付成果应该是可应用的、有效的。要做到这一点，还是那一句——多问！单纯的一个指令，匆忙执行，并不能得到良好的效果，反而会事倍功半。在指令后面，应该有更详细的信息和更明确的说明，通盘了解后再行动方为上策。关联的目的、关联的资源、关联的人物等，都属于了解的范围。

五、期限性原则（Time-bound）

目标特性的期限即目标的时间限制。要问清楚达成这个目标的时间限制：若时间较短，就应将其排在首要位置，优先完成这个工作目标；如果时间较长，则可以先处理其他工作。时限不仅能让自己把控工作目标的完成进度，还能让自己规划好各项工作的执行时间，做到合理地配置时间。

没有明确的时间限制，同样无法确保目标是否能够顺利达成。上下级之间需要对目标的轻重缓急达成一致的认识，否则上级领导着急，下属却把它排到几天后再执行，最后上级领导如热锅上的蚂蚁，下属还万分委屈，不仅不能完成任务，还破坏了团队合作的和谐氛围。意见达成一致，不但能安排好工作进度，还能定期检查、沟通工作的完成情况，及时发现问题，成功完成任务。

总之，无论是制定团队的工作目标，还是制定员工个人的绩效目标，想要更好地达成，都必须符合上述 5 个原则，缺一不可。同时，科学制定目标的过程也是提升自我全局掌控能力的过程，是对自己现代化管理能力的锻炼。

任务二 WBS 分解项目任务

在日常工作中，你是否遇到过这样的情况：接到新任务后不知从何入手，只能做一步、看一步，忙得晕头转向，每天超负荷工作，但总有意外情况发生，工作始终毫无进展。那如何才能科学地管理工作？如何进一步明确每项工作任务？下面让我们一起来学习 WBS 任务分解法，让复杂的工作简单起来。

一、WBS 的具体含义

WBS 任务分解法源于项目管理，即英文"Work Breakdown Structure"的缩写，是指以可交付成果为导向对项目要素进行的分组，一般称为工作分解结构。它归纳和定义了项目的整个工作范围，每下降一层代表对项目工作的更详细的定义。无论是在项目管理实践中，还是在 PMP、IPMP 考试中，WBS 都是最重要的内容之一。WBS 总是处于计划过程的中心，也是制订进度计划、资源需求计划、成本预算计划、风险管理计划、采购计划等的重要基础。

WBS 任务分解法每向下分解一个层次，就意味着项目工作的定义又深入了一步。建立一个 WBS 可以分为 4 个步骤。

第一，确定项目目标，着重于项目产生的产品、服务，以及提供给客户的成果。

第二，确认可交付的成果或最终产品。

第三，识别项目中的其他工作领域，以确保覆盖全部的工作，识别若干可交付成果的领域，描述或输出可交付的成果。

第四，进一步细分步骤二和步骤三，使其形成有顺序的逻辑子分组，直到工作要素的复杂性和成本成为可计划和可控制的管理单元（工作包）。

WBS 的工作过程如图 3-2 所示。

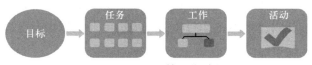

图 3-2 WBS 的工作过程

二、WBS 的 3 个关键词

WBS 包含 3 个关键词，即工作（Work）、分解（Breakdown）和结构（Structure）。WBS 的 3 个关键词如图 3-3 所示。

工作（Work）：可以产生有形结果的工作任务。

分解（Breakdown）：一种逐步细分和分类的层级结构，就是把大项的工作任务分解为具体的工作，再把每项工作细分为多个活动。

结构（Structure）：按照一定的模式组织各个部分。也就是说，无论你把一项任务分解成多少项工作、活动，这些工作、活动都应该是结构分明的，它们之间存在一定的内在联系，我们只有对这种联系了如指掌，才能高效地完成工作。

图 3-3　WBS 的 3 个关键词

三、WBS 的分解原则

分解 WBS 也有一定的原则，具体来说，有以下两点。

第一，将主体目标逐步细化、分解，最底层的工作可以直接分配给个人去完成。例如，人员招聘需要人事部和用人部门配合完成，在使用 WBS 工具时就应该对这些任务进行划分，分配好每个人的具体工作。

第二，每个任务原则上要求分解到不能再细分为止，这样有利于我们由简到难，一步一步地完成工作任务。

四、WBS 的分解标准

WBS 的分解标准有以下 5 点。WBS 的分解标准如图 3-4 所示。

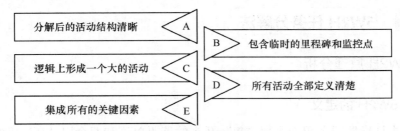

图 3-4　WBS 的分解标准

五、WBS 的分解方法

WBS 的分解方法有类比法、自上而下法和自下而上法。

（一）类比法

类比法是以一个类似任务的 WBS 为基础，制定本任务的工作分解结构。

网络优化工程师需要做很多前端优化工作，包括网络覆盖优化、频率配置优化、位置区优化、双频网络优化、信道配置优化等。当网络优化工程师接到一个新的项目优化工作时，就可以套用之前项目工作的 WBS，基于以前的 WBS，编制新活动的 WBS。

（二）自上而下法

自上而下法常常被视为构建 WBS 的常规方法，即从任务目标开始，逐级分解任务。这是一个不断增加级数、细化工作任务的过程。

（三）自下而上法

自下而上法需要我们从一开始就尽可能地确定与任务有关的各项具体活动，然后对各项具体活动进行整合，将其归纳到一个整体工作或 WBS 的上一级内容中。

六、WBS 的检验标准

检验 WBS 是否定义完整，项目的所有任务是否被完全分解的标准如下。

☆每个任务的状态和完成情况是可以被量化的。

☆明确定义每个任务的开始和结束。

☆每个任务都有一个可交付的成果。

☆工期易于估算且在可接受的范围内。

☆容易估算成本。

☆各项任务是独立的。

学会 WBS 任务分解法，可以让我们做到对自己的工作心中有数，妥善安排自己的时间，确保我们能够有条不紊地完成自己的工作任务。

· 任务三 · 5W2H 任务分解法

一、5W2H 原理分析

（一）5W2H 的定义

5W2H 法是指发明者用 5 个以 "W" 开头的英语单词和两个以 "H" 开头的英语单词进行设问，发现解决问题的线索，寻找发明思路，进行设计构思，从而发明新项目。5W2H 的内容如图 3-5 所示。

☆ What ——是什么？目的是什么？做什么工作？

☆ Why ——为什么？原因是什么？

☆ When ——何时？什么时间完成？什么时机最适宜？

☆ Who ——谁？谁来承担？谁来完成？谁负责？

☆ Where ——何处？在哪里做？从哪里入手？

☆ How ——怎么做？如何提高效率？如何实施？方法是什么？

☆ How much ——多少？做到什么程度？数量如何？质量水平如何？费用产出如何？

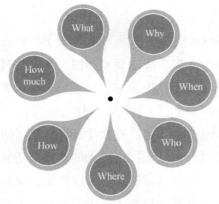

图 3-5　5W2H 的内容

（二）5W2H 的使用技巧

5W2H 法简单、方便、实用，易于理解，富有启发意义，可以广泛用于企业管理和技术活动，对决策和执行性的活动措施也非常有帮助，有助于弥补考虑问题的疏漏，在运用过程中应注意以下 4 种技巧。

☆简化：无论何种动作、工作、工序、布局、地点，都可以变得简单一点，提高工作效率。

☆合并：把多道工序合并，尤其是在流水线作业上应用合并技巧能立刻提高工作效率。

☆改变：前面的两种技巧如果效果不明显，可以改变工作的顺序或更换工序来提高工作效率。

☆取消：对现场工作程序进行识别，判断能否排除某道工序。

（三）5W2H 28 问

基于 5W2H 矩阵格式，我们从 7 个方面、4 个层次，按照逐级递进的方式汇总了 28 个系统提问的技巧，通过定人、定时、定位、定原因、定事、定方法和定费用，理清思路，发掘真正的问题根源所在。5W2H 28 问见表 3-1。

表 3-1　5W2H 28 问

5W2H	第一层次	第二层次	第三层次	第四层次	结论
Who	是谁	为什么是他	有更合适的人吗	为什么是更合适的人	定人
When	什么时候	为什么在这个时候	有更合适的时间吗	为什么是更合适的时间	定时
Where	什么地点	为什么在这个地点	有更合适的地点吗	为什么是更合适的地点	定位
Why	什么原因	为什么是这个原因	有更合适的理由吗	为什么是更合适的理由	定原因
What	什么事情	为什么做这个事情	有更合适的事情吗	为什么是更合适的事情	定事
How	如何去做	为什么采用这个方法	有更合适的方法吗	为什么是更合适的方法	定方法
How much	花费多少	为什么要花费这些	有更合理的花费吗	为什么是更合理的花费	定费用

二、5W2H 案例分析

项目经理龙旭参加好朋友的婚礼，婚礼现场出现了一些意外情况，聘请的摄影师在来的路上发生了车祸，被送往医院，无法完成拍摄，新郎临时又找不到可替代的人，急得像热锅上的蚂蚁。龙旭听说这个情况后，想到了平时喜欢摆弄相机的张长弓，于是抱着试一试的想法给张长弓打了个电话，说明了现场的情况。

张长弓从高中开始就对摄影感兴趣，在大学期间加入了摄影协会，参加了各种相关的培训，对色彩、视觉都有良好的认识，对灯光的布置及把控能力非常强。接到龙旭的电话后，他细问了一下对方的拍摄要求，答应帮这个忙。面对这项被临时安排的任务，他不敢马虎，认为完美的婚礼摄影师最终为新人带来的，不应该仅仅是一段长视频，而应该是一个婚礼故事，以照片、视频来记录完美的婚礼。张长弓利用去婚礼现场路上的时间用 5W2H 法快速梳理了婚礼摄影师的工作内容。用 5W2H 法快速梳理婚礼摄影师的工作内容见表 3-2。

表 3-2　用 5W2H 法快速梳理婚礼摄影师的工作内容

5W2H	具体内容
Who	张长弓
When	8 月 7 日 10:00 ～ 22:00
Where	世纪金源大酒店
Why	帮新郎、新娘记录婚礼当天的美好时光
What	拍摄照片、视频
How	1. 重点拍摄迎亲 / 婚车、迎宾、典礼仪式、新人出场、敬酒等环节 2. 采用独特构图和拍摄角度记录某些妙趣横生的瞬间 3. 结合黑白、怀旧、偏色等色彩突出新郎、新娘的特色
How much	费用预算，精选照片、视频制作成影集

三、5W2H 标准工作计划书

5W2H 标准工作计划书见表 3-3。

表 3-3　5W2H 标准工作计划书

姓名	制定日期					检查日期			
序号	What 什么事情	Why 什么原因	When 什么时候	Who 是谁	Where 什么地点	How 如何去做（措施或步骤）	How much 需要哪些资源或投资	Risk 存在的风险	Result 结果预期
1									
2									
3									
4									
5									
6									

思考练习

请用 SMART 原则制定自己本学期的目标，并在设定的目标中找出 SMART 的各要点。学期目标见表 3-4。

表 3-4　学期目标

请设定一个定量的本学期目标		请设定一个定性的本学期目标	
S		S	
M		M	
A		A	
R		R	
T		T	

拓展训练

活动策划大赛

以小组为单位，每组选派一个代表，从以下活动项目中随机抽取一个，结合本章的学习内容，拟写相应项目的策划书。参考活动项目：迎新杯篮球赛、辩论赛、演讲比赛、十佳歌手大赛、通信百科知识竞赛、舍标大赛。

项目总结

实施 SMART 目标管理、WBS 和 5W2H 分解任务，不仅能让团队成员更加目标明确、高效工作，而且可以为上级领导考核下属提供明确的考核目标和考核标准，使考核更加科学、规范，保证考核的公正、公开与公平。这些方法还适用于工作生活的方方面面，例如，产品设计、工作汇报、培训，甚至旅行、健身等。

另外，在个人成长的过程中要有意识地培养自己的兴趣特长，也许它不能立刻帮你加薪升职，但也许就在某个时刻，它会成为你晋升的契机。就像张长弓，一场婚礼的拍摄，让龙旭更加肯定他是一个值得培养的人才。所以，想捕到鱼，首先要织一张网，学会厚积薄发，不要急功近利。大家可以多读点儿书，关注自身的兴趣和爱好，丰富自己的业余生活。

笔记：

项目四
撰写招投标文档

项目简介

　　CCA信息公司福建分公司召开项目会议，成立了投标项目组，分公司项目代表中有3名具有10多年工作经验的专家——高工、秦工、龙旭，还有CCA信息公司总部的商务部、法务部代表，以及产品行销部代表。福建分公司项目代表负责牵头招投标项目、报名招投标项目、购买标书文件，并负责客户公关工作、客户接口、了解当地竞争企业的价格信息等；商务部负责人要求新入职的王小梅制作标书，包括制定投标价格策略，负责提供商务、法务类文件；产品行销部代表负责提供投标所需的售前、售后类文件。此时，商务部正准备制作投标书，福建分公司代表开始设计公关方案。

　　新入职的王小梅负责制作标书，虽然她大学期间接触过一些招投标的知识，但真正实践起来，心里还是没底。于是她赶紧学习招投标的理论知识，不仅涉及工程文档的写作知识，还包括商务文书的写作知识。本章，王小梅将带你一起学习了解招投标的流程管理、工程文档，以及商务文书的写作知识，为项目业绩贡献自己的力量。

项目目标

1. 认识招投标的流程步骤。
2. 熟悉招投标过程中的各项工程文档。
3. 熟悉商务活动过程中各类商务文书的写作格式。

知识图谱

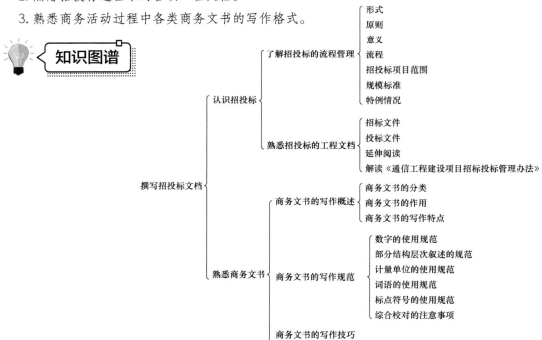

项目活动

如何制作投标书

　　助理王小梅接到任务后，由于时间紧迫，一时有点慌乱。虽然她大学时学过有关招投标的流程、撰写投标文件和撰写各种工作联系函件的课程，但要付诸实践，这让工科出身的王小梅倍感压力。你能不能帮她出点主意呢？

·任务一·　认识招投标

一、了解招投标的流程管理

　　招投标是招标投标的简称。招投标是一种商品交易行为，是交易过程的两个方面。招投标即以招标为主体的招标和以投标为主体的竞标：招标是招标人采取招标通知或招标公告的方式，向不特定的人发出的，用以吸引投标人投标；投标是指投标人按照招标人的要求，在规定期限内向招标人发出的合同全部条款。招投标是一种国际惯例，是商品经济高度发展的产物，是有组织地开展的一种择优成交方式。

（一）形式

招投标有公开招投标和邀请招投标两种形式。

（二）原则

《中华人民共和国招标投标法》第五条规定："招标投标活动应当遵循公开、公平、公正和诚实信用的原则。"

（三）意义

第一，工期普遍缩短。

第二，工程造价普遍合理下降，能有效防止不正当竞争。

第三，促进工程质量不断提高，使企业不断提高管理水平，增加管理储备。

第四，简化工程结算手续，使各方的协作关系更为密切。

第五，促进施工企业内部落实经济责任制，调动企业内部的积极性。

（四）流程

第一，招标人（即业主）办理项目审批或备案手续（如需要）。项目审批或备案后，招标人开始实施项目。

第二，启动招标工作。招标人可以委托招标代理机构招标，也可以自行招标（备案程序较为烦琐），多数为招标代理机构承担招标工作。

第三，招标代理机构协助招标人进行招标策划，即确定招标进度计划、采购时间、采购技术要求、主要合同条款、投标人资格、采购质量要求等。

第四，招标代理机构在招标人的配合下，根据招标策划编制招标文件（包括上述策划内容和招标公告）。

第五，招标人确认后，招标代理机构发出招标公告（公开招标）或投标邀请（邀请招标），投标人看到招标公告或收到投标邀请后前往招标代理机构购买招标文件。

第六，获得招标文件后，投标人应研究招标文件并准备投标文件。在此期间，如有相关问题可与招标代理机构进行招标文件澄清。必要时，招标代理机构将组织招标项目答疑会，并根据答疑或澄清内容对全部投标人发布补充文件，作为招标文件的必要组成部分。

第七，招标代理机构在开标前组建评标委员会，评标委员会负责评标。评标委员会组成和评标须符合《评标委员会和评标方法暂行规定》。

第八，招标代理机构组织招标人、投标人在招标文件规定的时间开标。开标包括招标代理机构委派的主持人宣布开标纪律、确认和宣读投标情况、宣布招标方有关人员的情况、检查投标文件的密封情况、唱标（对投标函或投标一览表中的投标人名称/价格/交货期/投标保证金等内容进行唱标）、完成开标记录和各方签字，开标结束。

第九，评标委员会审查投标文件进行初步评审、详细评审和澄清（如有必要），最终确定中标人。

第十，招标代理机构根据评标委员会意见出具评标报告，招标人根据评标报告确定中标人。

第十一，招标代理机构根据评标报告发出中标、落标通知书。

第十二，中标人根据中标通知书在规定时间内与招标人签订合同。

另外，在第五项可以增加资格预审，即在招标公告中增加对投标人的资格要求，投标人事先递交资格文件，满足资格条件后，招标代理机构再将招标文件发售给该投标人。招投标的流程如图4-1所示。

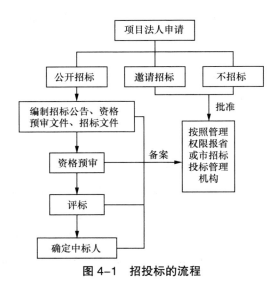

图4-1　招投标的流程

案例讨论

　　某单位为室内分布系统工程施工项目公开招标。该工程项目为政府工程，已经被列入地方的年度固定资产投资计划，概算已经被主管部门批准，施工图及有关技术资料齐全。除了本市施工企业参加投标，还可能有外省市施工企业参加投标，因此，招标人委托咨询公司编制了两个标底，准备分别用于对本市和外省市施工企业投标的评定。招标人要求将技术标和商务标分别封装。某施工企业在封口处加盖了本单位的公章，并由项目经理签字后，在投标截止日期的前一天将投标文件报送招标人。

　　当天下午，该施工企业又递交了一份补充材料，声明将原报价降低5%，但是有关人员认为，一个施工企业不得递交两份投标文件，因而拒收该施工企业的补充材料。开标会议由市招标投标管理机构主持，市公证处有关人员到会。开标前，市公证处人员对投标单位的资格进行了审查，确认所有投标文件均有效后正式开标。招标人在评标之前组建了评标委员会，成员共8人，其中业主人员5人。

　　阅读以上案例回答下面的问题。

　　1.请你总结招标的主要工作内容。

　　2.工程项目的标底可以采用什么方法编制？

　　3.该项目在招标中有哪些不当之处？请逐一列举。

　　招标的主要工作内容：发布招标公告；进行资格预审；发放招标文件；组织现场勘察；召开招标项目答疑会；接收投标文件；开标；评标；确定中标人；发出中标通知书；签订施工合同。

　　工程项目的标底可以采用工料单价法和综合单价法，可以根据招标工程的具体情况选择合适的编制方法。

　　在招标中需要注意：第一，征地工作尚未完成不能进行施工招标；第二，一个工程不能编制两个标底，只能编制一个标底；第三，在招标过程中，招标人不能违反《中华人民共和国招标投标法》的规定，以不合理的条件排斥潜在的投标人；第四，投标人的投标文件若由项目经理签字，应由法定代表人签发授权委托书；第五，在投标截止日期前的任何一天，投标人都可以递交投标文件，也可以对投标文件做出补充与修正，招标人不得拒收；第六，开标工作应由招标人主持，而不应由市招标投标管理机构主持；第七，市公证处人员无权对投标单位的资格进行审查；第八，评标委员会的成员数量必须是5人以上的单数，而且招标人方面的专家最多占1/3。

（五）招投标项目范围

《中华人民共和国招标投标法》第三条规定："在中华人民共和国境内建设下列工程项目，包括项目的勘察、设计、施工、监理以及采购与工程建设有关的重要设备、材料等，必须进行招标。"具体有以下3类。

☆大型基础设施、公用事业等关系社会公共利益、公众安全的项目。

☆全部或者部分使用国有资金投资或者国家融资的项目。

☆使用国际组织或者外国政府贷款、援助资金的项目。

《中华人民共和国招标投标法》还规定："任何单位和个人不得将依法必须进行招标的项目化整为零或者以其他任何方式规避招标。"

国家融资项目的范围如下。

☆使用国家发行债券所筹资金的项目。

☆使用国家对外借款或者担保所筹资金的项目。

☆使用国家政策性贷款的项目。

☆国家授权投资主体融资的项目。

☆国家特许的融资项目。

使用国际组织或者外国政府资金的项目的范围如下。

☆使用世界银行、亚洲开发银行等国际组织贷款资金的项目。

☆使用外国政府及其机构贷款资金的项目。

☆使用国际组织或者外国政府援助资金的项目。

（六）规模标准

《工程建设项目招标范围和规模标准规定》中规定的上述各类工程建设项目，包括项目的勘察、设计、施工、监理，以及与工程建设有关的重要设备、材料等的采购，达到下列标准之一的，必须进行招标。

☆施工单项合同估算价在200万元人民币以上的项目。

☆重要设备、材料等货物的采购，单项合同估算价在100万元人民币以上的项目。

☆勘察、设计、监理等服务的采购，单项合同估算价在50万元人民币以上的项目。

☆单项合同估算价低于第一、二、三项规定的标准，但项目总投资额在3000万元人民币以上的项目。

（七）特例情况

《中华人民共和国招标投标法》第六十六条规定："涉及国家安全、国家秘密、抢险救灾或者属于利用扶贫资金实行以工代赈、需要使用农民工等特殊情况，不适宜进行招标的项目，按照国家有关规定可以不进行招标。"

《工程建设项目施工招标投标办法》第十二条规定，工程建设项目有下列情形之一的，依法可以不进行施工招标。

☆涉及国家安全、国家秘密或者抢险救灾而不适宜招标的。

☆属于利用扶贫资金实行以工代赈、需要使用农民工的。

☆施工主要技术采用特定的专利或者专有技术的。

☆施工企业自建自用的工程，且该施工企业资质等级符合工程要求的。

☆在建工程追加的附属小型工程或者主体加层工程，原中标人仍具备承包能力的。

☆法律、行政法规规定的其他情形。

二、熟悉招投标的工程文档

（一）招标文件

招标文件是招标工程建设条件的大纲，是施工单位实施工程建设的工作依据，是向投标人提供的参加投标所需的介绍文件。

1. 作用

阐明需要采购的货物或工程的性质，通报招标将依据的规则和程序，告知订立合同的条件。招标文件既是投标商编制投标文件的依据，又是采购人与中标人签订合同的基础。因此，招标文件在整个采购过程中的作用是至关重要的。招标人应十分重视编制招标文件的工作，并本着公平互利的原则，务必使招标文件严谨、细致、内容正确。编制招标文件是一项重要且烦琐的工作，应有相关专家参加，必要时还要聘请咨询专家参加。

编制招标文件的目的是通知潜在投标人所要采购的货物和服务的相关信息、合同的条款和条件，以及交货的时间安排等。起草的招标文件应该保证所有的投标人具有公平的竞争机会。根据单一项目招标文件的范围和内容，招标文件中一般应包含项目的概括信息、保证技术规格的客观设计文件、投标的样本表格、合同的一般和特殊条款、技术规格和数量清单等，在一些特殊情况下，还应附有性能规格、投标保证金保函、预付款保函和履约保函的标准样本等。

2. 主要内容

招标文件的主要内容包括招标公告和投标人须知。投标人须知是指制定投标的具体规则，其目的在于使投标人在投标时有遵循的规范。投标人须知的主要内容如下。

☆资金来源。

☆如果没有进行资格预审的，要提出投标人的资格要求。

☆货物原产地要求。

☆招标文件和投标文件的澄清程序。

☆投标文件的内容要求。

☆投标语言，尤其是国际性招标，由于参与竞标的供应商来自世界各地，必须对投标语言做出规定。

☆投标价格和货币规定。对投标报价的范围做出规定，即报价应包括哪些方面；统一报价口径，便于评标时计算和比较最低的评标价。

☆修改和撤销投标的规定。

☆标书格式和投标保证金的要求。

☆评标的标准和程序。

☆投标程序。

☆投标有效期。

☆投标截止日期。

☆开标的时间、地点等。

3. 招标流程

招标流程如图4-2所示。

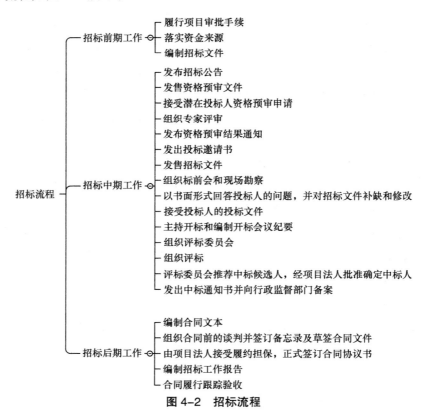

图4-2 招标流程

职场小贴士

ICT 行业专业人士经常关注的相关信息网络平台。

☆ C114 通信网。

☆飞象网。

☆通信世界网。

通信行业招标公告，一般在以下网站发布。

☆中国采购与招标网。

☆工业和信息化部通信工程建设项目招标投标管理信息平台。

☆公司的招标官网，例如中国移动采购与招标网等。

招标公告样本

2023 年 ×× 股份有限公司 B 省分公司市电引入集中采购项目招标公告

本招标项目为 2023 年 ×× 股份有限公司 B 省分公司市电引入集中采购项目，招标编号为 XZTT-XKSJ-GC-20220007，招标人为 ×× 股份有限公司 B 省分公司（以下简称"B 省分公司"），招标代理机构为 DDS 设计有限公司。项目资金由招标人自筹，资金已落实。项目已具备招标条件，现进行公开招标，有意向的潜在投标人（以下简称"投标人"）可前来投标。

1. 招标范围

（1）招标范围：本项目为集中招标项目，B 省七地市基站市电引入施工。

（2）工程地点：B 省内市、县、区、乡镇、行政村、自然村。

（3）工期要求：招标人合理要求时限。

（4）工程质量要求：投标单位必须按照国家现行行业标准和 B 省企业工程建设质量标准施工，按照相关标准进行初验、终验。

（5）集中招标合同有效期：自合同签订之日起至 2024 年 12 月 31 日。

（6）承包方式：包工包料。

（7）本项目分为 4 个标段，总投资额为 13281.92 万元。

标段一招标范围为 A 市、B 市业务区基站市电引入施工，投资预算为 4388.31 万元。本标段中标人数为 2 个，综合排名第一的中标人份额分配 60%；综合排名第二的中标人份额分配 40%。

标段二招标范围为 C 市业务区基站市电引入施工，投资预算为 1832.21 万元。本标段中标人数为 2 个，综合排名第一的中标人份额分配 60%；综合排名第二的中标人份额分配 40%。

标段三招标范围为 D 市、E 市业务区基站市电引入施工，投资预算为 3907.79 万元。本标段中标人数为 2 个，综合排名第一的中标人份额分配 60%；综合排名第二的中标人份额分配 40%。

标段四招标范围为 F 市、G 市业务区基站市电引入施工，投资预算为 3153.61 万元。本标段中标人数为 2 个，综合排名第一的中标人份额分配 60%；综合排名第二的中标人份额分配 40%。

本项目最多允许 2 个投标人同时中标。

（8）本项目设置最高投标限价。最高投标限价：投标人投标报价综合折扣不能超过 100%，投标人投标报价高于最高投标限价的，其投标将被否决。

2. 投标人资格要求

（1）本项目要求投标人在中华人民共和国境内依法注册，具有独立法人资格，具有有效营业执照、组织机构代码证、税务登记证（或三证合一的营业执照）、银行开户许可证、一般纳税人证明。

（2）本项目要求投标人具备住房和城乡建设部颁发的电力工程施工总承包三级及以上资质，或输变电工程专业承包三级及以上资质，或国家电力监管委员会颁发的四级及以上承装（修、试）电力设施许可证和有效的安全生产许可证。

（3）本项目要求投标人满足以下财务要求：财产没有处于接管、冻结、破产状态，需提供 2021 年或 2022 年经第三方审计的清晰的财务审计报告，必须包括审计报告、资产负债表、利润表、现金流量表。若投标人注册时间不满两年（2021 年 4 月 1 日后成立的公司），可不提供。

（4）本次招标要求投标人满足以下信誉要求：承诺在最近 3 年（2020 年 7 月 31 日至 2023 年 7 月 31 日）内没有骗取中标、严重违约及存在重大项目质量、安全问题；承诺在最近 3 年（2020 年 7 月 31 日至 2023 年 7 月 31 日）内没有出现招标文件中的承诺条款与中标后中的实际服务情况存在重大偏差等不良信誉记录。

（5）本项目不接受联合体投标。

（6）单位负责人为同一人或者存在控股、管理关系的不同单位，不得参加同一标段投标或者未划分标段的同一招标项目投标。

3. 资格审查方法

本项目将进行资格后审，资格审查标准和内容见招标文件第三章"评标办法"，凡未通过资格后审的投标人，其投标将被否决。

4. 招标文件的获取

（1）发售纸质招标文件

① 招标文件获取时间：2023 年 8 月 8 日至 2023 年 8 月 12 日（含法定公休日、

法定节假日），每日上午 9 时至 12 时 30 分，下午 15 时 30 分至 18 时 30 分（北京时间，下同）。

②招标文件获取地点：B 省 A 市柳梧新区国际总部城招投标代理中心办公室。

③招标文件获取方式：投标人应委托经办人持单位介绍信和工商营业执照复印件、企业资质证书复印件、本人身份证，向招标代理机构了解有关信息并购买招标文件。

（2）招标文件每标段售价 300 元人民币，售后不退。

（3）招标文件费用须以公对公方式打入招标代理机构的指定账号，并在转账时备注购买标段。

5. 投标文件的递交

（1）纸质投标文件的递交：递交纸质投标文件的截止时间（即投标截止时间，下同）为 2023 年 8 月 28 日 10 时 30 分。投标文件的递交地点：B 省 A 市柳梧新区国际总部城一号会议室。

（2）本项目将于上述同一时间、地点开标，邀请投标人的法定代表人或其委托代理人准时参加。

（3）出现以下情形之一时，代理机构不予接收投标文件。

①逾期送达或者未送达指定地点的。

②未按招标文件要求密封的。

③未按本公告要求获得本项目招标文件的。

6. 发布公告的媒介

本次招标公告同时在中国招标投标公共服务平台、通信工程建设项目招标投标管理信息平台上发布，其他媒介转载无效。

7. 联系方式

招标人：××股份有限公司 B 省分公司。

地址：B 省 A 市柳梧新区国际总部城。

其他略。

（二）投标文件

投标文件是指具备承担招标项目能力的投标人按照招标文件的要求编制的文件。交易双方只能围绕招标项目来编制招标文件和投标文件。

招标投标需要规范化，应当在规范中体现保护竞争的宗旨。

《中华人民共和国招标投标法》还对投标文件的送达、签收、保存的程序做出了明确的规定，对于投标文件的补充、修改、撤回也有具体规定，明确了投标人的权利和义务。

1. 定义

投标文件是应招标文件要求编制的响应性文件。

2. 组成要素

投标文件一般包含3个部分，即商务部分、价格部分和技术部分。

商务部分包括公司资质、公司情况介绍等一系列内容，同时也有招标文件要求提供的其他相关内容，包括公司的业绩和各种证件、报告等。

价格部分包括投标报价说明、投标总价、主要材料价格表等。

技术部分包括工程的描述、设计和施工方案等，以及工程量清单、人员配置、图纸、表格等与技术相关的资料。

3. 内容

投标文件内容包括投标声明、投标报价表、技术偏离表、投标技术文件和业绩资料。

4. 投标文件样本

🔍 投标文件样本

××运营商

2022/2023 年度接入网末端设备代维服务和

网络优化服务供应商招投标项目

应标文件

（正本）

招标人： ××运营商

采购项目名称： 2022/2023 年度接入网末端设备代维服务和网络优化服务供应商

招投标项目

采购项目编号： GXMCC-WL-XMCG-2021-0012

投标包编号： 标包 ×（南 ×××）

代维模式： 模式一，网络优化（日常优化）服务

投标方： ×××××××× 科技有限公司

××××××××× 科技有限公司

×××××××××××××××××× TECHNOLOGY CO., LTD.

二〇××年×月

第 1 页

企业 Logo

注：根据招标文件中的选型评分要求，我公司针对每个评分项提供了对应的章节索引和信息内容概述，以便选型工作小组查阅。

序号	评审内容	权重	对应章节/页码	简要说明
1	价格评分	40		
1.1	价格基准分	24		• 我公司报价未超过招标文件限定的最高报价
1.2	价格加分	16		• 报价详见单独封装的报价书
2	技术评分	40		
2.1	网络优化相关思路		章节 9.1、9.4、9.5、9.6，章节 8.2	• 深刻理解日常优化的工作目标 • 深刻理解日常优化的工作内容、工作流程，积累丰富的日常网络优化项目运作管理经验 • 擅长用户投诉处理，对复杂的网络问题有丰富的实际处理经验
2.2	策略及经验		章节 8.4、8.5、8.6，章节 8.3、8.9	• 章节 8.4、8.5、8.6 分别介绍了 GSM、（E）GPRS、TD 的网络优化策略 • 章节 8.3、8.9 分别介绍了我公司的网络优化经验和优化案例分析
2.3	组织架构人员配置		章节 7.2.10 章节 8.1	• 我公司可派驻 110 人的网络优化团队，同时承接 8 个标包的优化工作 • 我公司 110 人的网络优化团队拥有约 150 家厂商和运营商的网络优化资格证书，确保人员技能满足项目需求
2.4	人员技能提升		章节 8.13	• 我公司内部有完善的培训体系，保障员工技能得到快速提升 • 面向客户，我公司提供丰富的知识共享服务，可以促进客户的技能提升
2.5	技术支撑能力		章节 8.1，章节 9.2，章节 8.11、8.12	• 每个维护区配置了数名高级网络优化工程师，确保本地技术力量 • 我公司内部拥有数名网络优化高级专家，可以随时解决各维护区出现的疑难问题 • 我公司使用自主创新软件，结合特色的网络优化方案，提升优化效率和效果
2.6	标准化建设		章节 8.2 ～ 8.12	• 我公司将多年的网络优化经验固化，形成较完整的日常网络优化维护体系，包括项目管理、投诉处理、GSM 优化等
2.7	内部考核管理制度		章节 8.10 章节 9.6	• 我公司有完整的项目管理制度，确保质量和进度 • 我公司有奖惩分明的薪酬体系，确保发挥员工的主观能动性

第 2 页

企业 Logo

续表

序号	评审内容	权重	对应章节／页码	简要说明
3	商务评分	10		
3.1	公司资质		章节 7.2	• 我公司是 ×× 运营商网络优化专业的入围合作伙伴 • 我公司拥有此项目要求的所有资质
3.2	商务应答		第四部分 商务响应书	• 全部满足招标方要求
3.3	企业成绩		章节 7.2.9	• 我公司有丰富的 GSM 网络和 TD 网络的优化经验，每年网络优化业务量超过 2000 万元
3.4	网络优化设备 仪表、软件及 工具配备等		第五部分 技术响应书 P21 ～ P22	• 我公司按标包要求配置了充足的工具设备 • 如需要，可以增配更多设备满足项目的实际要求
4	后评估得分	10		
4.1	后评标得分			• 我公司属于未合作过的供应商

第 3 页

企业 Logo

目　录

第7页

（三）延伸阅读

工业和信息化部的主要职责为拟订实施行业规划、产业政策和标准、监测工业行业日常运行、推动重大技术装备发展和自主创新、管理通信业、指导推进信息化建设、协调和维护国家信息安全等。

（四）解读《通信工程建设项目招标投标管理办法》

为了解决招标投标活动中的突出问题，2011年国务院出台《中华人民共和国招标投标法实施条例》，细化和完善了招标投标相关管理制度。工业和信息化部2014年5月4日公布了《通信工程建设项目招标投标管理办法》（工业和信息化部令第27号，以下简称《办法》）。出台《办法》是贯彻落实《中华人民共和国招标投标法实施条例》的需要。《办法》共五章四十九条，主要规定了以下内容。

1. 建立信息化管理方式

为了贯彻落实国家有关推进电子政务、推进工程建设领域项目信息公开等要求，提高行政监督效率，《办法》规定建立"通信工程建设项目招标投标管理信息平台"，对通信工程建设项目招标投标活动实行信息化管理，要求招标人选取评标专家、自行招标备案、发布资格预审公告和招标公告、公示中标候选人、报送项目实施情况，实行对招标投标活动的信息化管理。

2. 细化邀请招标的条件

针对行业普遍反映的《中华人民共和国招标投标法实施条例》中第八条规定的"采用公开招标方式的费用占项目合同金额的比例过大"没有量化标准、操作性不强的问题，《办法》规定：采用公开招标方式的费用占项目合同金额的比例超过 1.5% 且采用邀请招标方式的费用明显低于公开招标方式的费用的，方可被认定为"比例过大"。

• 任务二 •　熟悉商务文书

在项目组周例会上，王小梅负责撰写会议纪要。为了防止信息遗漏，王小梅一字不落地记录在案。当龙旭看到这样一份内容翔实的会议纪要，他决定和王小梅聊一聊，一方面想告诉她正确的会议纪要方式，另一方面也希望用自己的力量帮助她在项目组取得进步。

中午午餐时，龙旭和王小梅聊起了会议纪要这件事。

龙旭："小梅，今天你发的会议纪要，我看到了，非常详细，如果有些地方改善一下，相信会更棒。"

王小梅："谢谢龙经理，如果你能给我讲讲相关知识，那就更好了。"

龙旭给王小梅留了 3 个问题。

☆什么是商务文书？

☆商务文书的作用是什么？

☆商务文书的特点有哪些？

听完龙旭的问题，王小梅决定下班后去查阅相关资料，学习商务文书的相关写作知识和技巧。

会议纪要属于商务文书的一种，有的同学会好奇究竟什么是商务文书。商务文书是商业事务中的公务文书，是企业在生产经营管理活动中产生的，按照严格的、既定的生效程序和规范的格式制定的具有传递信息和记录作用的载体。商务文书写作能力是评价员工职业素质的重要方式之一。

一、商务文书的写作概述

（一）商务文书的分类

在实际工作中，大家可能会遇到各种各样的商务文书，其可以根据形式和内容进行分类。

1. 按形式分

将形式作为划分标准，商务文书可以大致分为固定格式的商务文书和非固定格式的商务文书。常见的固定格式的商务文书主要有商务合同、邀请信、通知、请示及批复。相对而言，这类商务文书的格式很规范。非固定格式的商务文书主要包括电子邮件、便签条。

2. 按内容分

将内容作为划分标准，商务文书可以分为通用型商务文书和礼仪型商务文书。常见的通用型商务文书主要有通知、请示、报告、会议纪要、批复、总结和备忘录等。相较于礼仪型商务文书而言，这类文书的使用更加频繁，因此在下文中将对它们的写作方法进行专门介绍。礼仪型商务文书主要指贺信、贺电，以及邀请函、请柬、慰问信等。

商务文书分类如图4-3所示。

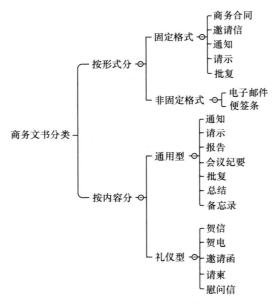

图4-3　商务文书分类

（二）商务文书的作用

商务文书的写作与其他任何文本的撰写一样，其作用和最终目的都是与他人进行某种形式的交流，借助商务写作这种方式传递商务信息。

（三）商务文书的写作特点

商务文书的写作与小说、公众号文章等有明显不同，其特点与要素主要包括以下几个方面，商务文书的写作特点与写作要素如图4-4所示。

图 4-4　商务文书的写作特点与写作要素

小组讨论

　　叶圣陶先生曾说："公文不一定要好文章，可是必须写得一清二楚、十分明确、句稳词妥、通体通顺，让人家不折不扣地了解你说的什么。"

　　公文写作贵在精确、简单而直接。请同学们通过以上学习并结合自己的经历，以小组为单位讨论商务文书的特点。

　　第一，简明。 正所谓"句中无余字，篇内无赘语"。

　　第二，准确。 "一字入公文，九牛拔不出"，在意思表达清楚的前提下，商务文书的写作应尽量用一段话、一句话甚至是一个词将核心意思表达出来。

　　第三，朴实。 在商务文书的写作中不要刻意地堆砌辞藻。

　　第四，庄重。 在商务文书中对整体风格的把握不要过于诙谐幽默，要确保文书的严肃性。

　　第五，规范。 商务文书在很多方面还具有规范性强的特点，标点符号的规范性尤为重要。

二、商务文书的写作规范

商务文书的规范性具体包含以下 6 个方面。

（一）数字的使用规范

案例分析

　　1. 对于项目管理人才的需求每年都在增长。

　　2. 您的账款已经过期了。

　　3. 本月氯化钾产量为 300 吨，增长了 8%。

　　上面的表述都不够规范，为什么呢？让我们一起来分析。

第一个句子中提到了数量增长，应该加入确定的数值以明确相应的增幅，这个句子可以改为"对于项目管理人才的需求以每年20%的速度在增长"。

第二个句子仅仅提到"账款过期"这个事实，对于客户而言是没有任何实际意义的，应该在其中明确具体的过期时间，这个句子可以改为"您的账款已经过期1天了"。

第三个句子明显缺乏产量增加的比较基准期，可以改为"本月氯化钾产量为3000吨，比去年同期增长了8%"。

对商务文书的写作规范性的要求首先表现在数字上。商务文书中的数字的使用规范要求见表4–1。

表4–1　商务文书中的数字的使用规范要求

序号	规范要求	内容详解
1	真实准确	商务文书中的数字通常对实际工作有着极大的指导作用和意义，因此援引的数据务必有稳妥的出处，这样才能确保其真实准确
2	各个分数之和与总数相等	"各个分数之和与总数相等"也是运用数字的基本要求
3	统计口径一致	不同统计口径的数据放在一起是没有任何意义的，只有在统计口径一致的前提下，才能进行数据对比
4	列举的数字有可比性	前文案例中有关氯化钾产量的例子就是列举数字缺乏可比性的典型。除了明确数字比较的基准，根据我国公文写作的规范规定，"××以上"及"××以下"都应该包含该数字在内
5	注意倍数关系	在商务文书中，数字之间的倍数关系反映在"降低""降低了""降低到"等表示数字变化的用语上。需要强调的是，"降低70%"与"降低了70%"表达的是同样的倍数关系，即原来为100%，现在变为30%；而"降低到70%"则不同，它表示原来为100%，现在变为70%
6	分清汉字与阿拉伯数字的使用场合	商务文书中的数字，除了成文日期、部分结构层次叙述，以及在词组惯用语、缩略语和具有修辞色彩语句中作为词素的情形必须为汉字外，其他语境应当使用阿拉伯数字

（二）部分结构层次叙述的规范

商务文书中多级嵌套主要用于工作报告的书写，嵌套最多限4层。那么，分层次编号究竟是怎样的呢？在这个方面，国家标准规范的具体要求如下。

☆结构层次的第一层，其层次编号用"一""二""三"……表示。

☆结构层次的第二层，其层次编号用"（一）""（二）""（三）"……表示。

☆结构层次的第三层，其层次编号可以用阿拉伯数字"1.""2.""3."……表示。

☆结构层次的第四层，其层次编号可以用"（1）""（2）""（3）"……表示。

（三）计量单位的使用规范

在国家标准规范中对计量单位也是有明确要求的。计量单位的使用规范示例见表4-2。

表 4-2　计量单位的使用规范示例

计量单位	正确使用	错误使用
长度单位	千米、米、分米、厘米	分、尺
功率单位	千瓦	马力
质量单位	吨、千克、克、毫克	斤、两
热能单位	焦耳	千卡
体积单位	升、毫升	公升、立升
土地面积单位	公顷、平方米	亩、平方丈

（四）词语的使用规范

在写作商务文书时，还应特别注意词语的使用规范。其中，"等"和"等等"这两个词的用法要分辨清楚。

表示列举未尽且后面再无其他词语时，"等"和"等等"都可以使用，而当后面有其他词语时只能用"等"。

无论是"等"还是"等等"，其前面所列举的名词或词组一般都不得少于两项。但有一个特例，即当前面这个词是一个专有名词或者人名时，可以只列举一个，后面用"等"概括。

表示列举未尽且是指人的名词和专有名词时，一般只能用"等"。

"等"与其前面所列举的名词或词组之间不能出现停顿，而"等等"与前面的词语之间则可以用逗号隔开。

小练习

请判断以下用法是否正确。

1. 林区的职工、机关、学校企业等等单位，都要节约能源。

2. 长江、黄河、海河、松花江等大江河的洪水灾害已得到初步控制。

3. 中小学要充分利用多种形式向中小学生进行交通安全常识的教育，例如广播、图片、展览等。

（五）标点符号的使用规范

标点符号的使用会对商务文书呈现的意思产生重大的影响，如果使用不当或使用错误，就有可能造成理解上的偏差和歧义。为规范标点符号的使用，我国相关机构专门出版了 GB/T 15834—2011《标点符号用法》。首先，我们看一下在以下范例中，常见标点符号的使用是否有误。

☆ 严禁中外记者利用采访进行挑唆，煽动性宣传报道。

☆ 经营项目有馄饨、饺子、面条……等。

具体分析有：第一句话的问题在于"挑唆"和"煽动性报道"是并列关系，它们之间应该使用顿号；第二句话的问题在于省略号和等是重复的，应该二者选用其一。

标点符号实际上分为点号和标号两大类。点号包括"句末点号"和"句内点号"两种：句号、问号和叹号表示一种停顿和语气，通常放在句末，称为"句末点号"；而逗号、顿号、分号和冒号表示句内停顿，称为"句内点号"。标号有 9 种，标号的 9 种用法见表 4-3。

表 4-3　标号的 9 种用法

序号	符号	用法
1	引号	分为单引号和双引号
2	括号	在商务文书的写作范围内，我国承认的括号主要有 3 种
3	破折号	解释说明
4	省略号	未尽事宜
5	着重号	在需要突出的内容下用点做出标记
6	连接号	两个同类词语中间的一小横，例如秦岭—淮河
7	间隔号	通常用于西方人名之间，例如迈克尔·乔丹
8	书名号	又可分为单书名号和双书名号
9	专名号	著名文学作品下边的横线

（六）综合校对的注意事项

完成商务文书的写作后，还应该有综合校对的过程。在这个过程中，撰写者应该按照商务文书的各种规范要求审视自己的文书，其中应注意以下事项，综合校对的注意事项见表 4-4。

表 4-4　综合校对的注意事项

序号	角度	注意事项
1	作为旁观者	人们对自己撰写的文章通常会觉得很顺眼，其实不然。在综合校对的过程中，撰写者首先要将自己定位为一位旁观者，对自己的文章进行冷处理并反复审视几次，以发现和纠正存在的错误
2	作为朗读者	商务文书通常时间要求比较紧，但在这种较强的时间约束下切不可草草提交了事。在综合校对的过程中，撰写者还应该扮演一位朗读者，反复地朗读自己的文章并随时进行修改和完善
3	作为求教者	能够始终将自己定位为一位求教者，以学生的心态就自己的作品反复地向周围人请教。同样的，在商务文书的综合校对阶段，撰写者也应该扮演好"求教者"的角色

三、商务文书的写作技巧

除了遵循严谨的步骤，要写好商务文书还需要掌握并合理使用一些写作技巧，可以使其变得更加生动。通过实践工作的积累和体会，商务文书的写作技巧可以总结为以下 6 个。

（一）运用情感指数增加商务文书的亲和力

增加商务文书的亲和力可以参考一个叫作"情感指数"的数字标准。所谓"情感指数"，实际上是对读者的关注程度。在商务文书中，提到目标读者的次数越多，情感指数越高，也越能引起目标读者的关注。美国心理学家马斯洛提出的人类需求共有 5 个层次，最高层次是希望被尊重和被理解，从而实现自我价值。因此，如果在商务文书中能够体现出更多的对于目标读者的关注，那么商务文书的亲和力会得到很大的提升。

小示范

以"我们很高兴地宣布，我们的新图书馆会在 6 月对外开放，欢迎光临"这样一句话为例，其中提到目标读者的地方最多只有 1 处（即"欢迎光临"中对目标读者的暗指），而提到撰写者自身的地方却有 2 处；所以这句话的情感指数为"−1"。由于情感指数很低，所以这句话让目标读者听起来不是很舒服。为了提高其带给目标读者的亲和力，可以将其改为"从 6 月开始，您可以在新图书馆来完善您的研究，我们图书馆欢迎您的光临"。做了如此改善后，这句话的情感指数变为"+2"（读者处为 3，撰写者处为 1），其亲和力也相应得到了较大的提升。

那么，提高情感指数的方法具体而言有以下 4 种。

第一，增加第二人称代词。这是一种最直接的方法，即在商务文书中增加"你""您""你们"这样的第二人称代词，单数或复数都可以。

第二，增加第三人称的专有名词。所谓的"第三人称的专有名词"有很多，例如"消费者""纳税人""员工"等，这些专有名词出现在商务文书中也是对目标读者的尊重。

第三，增加读者的姓名。在商务文书中，如果能在适当的地方添加读者的姓名，也会使其倍感亲切。

第四，增加对读者的暗指。这是指在商务文书中使用祈使句，是因为祈使句中往往暗含了指代目标读者的代词。

拓展训练

在一次会议中，王小梅因无法解答客户公司所提的诸多问题而处境尴尬，龙旭认为这是因为王小梅事先没有与其进行沟通而造成的。会议后，他给王小梅发了一封邮件，内容如下。

修改前：

……我们必须马上处理这件事情，在这次的会议上我因为没有了解到客户公司的最新信息而感到尴尬不已。我们的确应该密切关注他们的情况，我希望从你那里而不是从客户那里得知最新的消息。

修改后：

非常感谢你让我参加了昨天的会议。会议之后，有一点很明显，那就是你和我需要想出一套方案，确保我能及时了解客户公司的信息，我们需要更加有效地合作。你认为应该怎么处理这件事呢？你能够在工作的每个阶段都及时告诉我最新的消息吗？咱们明天碰个面，商量一下行动方案，怎么样？

（二）努力做到"读者为尊"

"读者为尊"是运用情感指数，提升对读者的关注程度。其核心意思是撰写者应该基于目标读者的角度和立场看待问题。

两种不同的表述如图4-5所示，可以很明显地看出其中的区别。

> 一般的表述：
> 我很高兴地宣布，我们公司在2023年不仅完成了任务，而且超过了预期的目标。

> 读者为尊的表述：
> 非常感谢在座各位的努力，由于你们的努力，我们公司在2023年完成了超预期的目标。

图4-5 两种不同的表述

在"读者为尊"的理念中，还有一条所谓"最先提及读者而非自己"的原则，强调在商务文书写作中首先应该提到目标读者，而后再继续阐述其他内容。

（三）进行有效的反馈

在商务文书中，不同的反馈会有不同的效果，具体有以下3种类型。

1. 正面反馈

美国心理学家威廉·詹姆斯曾说，人类本质中最殷切的需求是渴望得到他人的肯定。撰写者应该有意识地多用一些正面的反馈去称赞目标读者做得好的地方。

2. 修正性反馈

当需要称赞一个人的工作时，一定要及时且明确。当需要批评一个人时，可以用修正性反馈，即采用"汉堡包"原则——第一块面包指出某人的优点；中间的牛肉是指出还存在哪些需要改进的方面；最下面的一块面包是一种鼓励和期望。

练一练

如何运用修正性反馈来表达

情境：你的下属最近迟到了两次，你应该怎样与他沟通？

3. 负面反馈和没有反馈

负面反馈容易导致矛盾升级，没有反馈则不利于工作的开展和人际关系的改善，导致好的情况不再继续，不好的情况任意蔓延。

（四）增加商务文书的紧迫性

为了让目标读者立即采取行动并体现出文书的专业性，我们在撰写商务文书时可以增加时间用语，有以下 3 点要求。

1. 时间表述的规范性

在规范性方面，避免使用昨天、今天、明天和今年等时间约束不明确的时间代词，而应写明具体的时间期限。例如，"今天下班前""明天早上 10 点"这样的描述不够准确。

2. 时间表述的精确性

在会议记录或电报等商务文书中更要注重时间表述的精确性，应该注明几月、几日、几时、几分甚至几秒。

3. 时间表述的通用性

在商务文书的写作中，要特别注意时间表述的通用性，具体的要求范例如下。

第一，商务文书中一律要使用公元的全称。例如，2019 年不能缩写为 19 年，应写完整。

第二，在商务文书落款成文日期时，年份要写成阿拉伯数字的形式，例如，"2018 年"。

第三，尽量写成公历日期。

第四，注意汉字和阿拉伯数字之间的搭配使用规则，不能出现"腊月 15""星期 3"等不规范表述。

（五）增加可信度

要增加商务文书的可信度，必须在商务文书的写作过程中做到言之有物，将撰写者的实际经历表达出来。具体而言，可以添加实用、有效的信息。"我们在努力地爱护环境"这句话是比较空洞的；而如果就爱护环境的具体行动予以描述则会极大地增加其可信度，例如，"我们通过回收塑料、玻璃、铝材和纸张的方式，尽最大的努力去爱护环境"；或者添加细节性表述，例如，"期终考核的成绩是由平时成绩的 30% 和期末成绩的 70% 组成的"。

（六）做到行文简洁

在日常商务环境中，目标读者总是有时间来阅读并分析商务文书的。因此，商务文书的撰写在意思表达鲜明的基础上，一定要做到精练简洁，具体方法如下。

1. 采用电报文体

电报文体可使商务文书短小精练，撰写者对文书中的每个字都要仔细斟酌。

2. 另加附件

为了达到行文简洁的目的，可以将冗长的内容以附件的形式与正文分开。

3. 词句力求简单精练

应该尽量选用简单、通俗易懂的词，避免采用比较晦涩的词，不要试图用一个句子表达多个意思。另外，商务文书只是说明一个情况，而不是让撰写者发表某种感慨。因此，在其中应该少用描写性词汇，而尽量使用陈述性词汇。

4. 多用主动语式

在中文的语言环境中，主动语式更加符合读者的阅读习惯。因此，商务文书的写作也应该尽量采用主动语式。

5. 适当运用缩略语

在日常工作和生活中，有各种各样的缩略语，例如"四个意识""四个维护"等。在商务文书中适当地运用缩略语可以使整个文章简洁流畅，但是不能将没有通用性的、自创的缩略语运用于商务文书中，否则很容易引起歧义。

四、常见商务文书范本

以上内容都是围绕通用的商务文书展开的叙述，提出的步骤、方法和要点无论对邮件、便签还是其他文体都是普遍适用的。接下来，我们将分析的重点转移到常用的、具有固定格式的商务文书中来。这类商务文书主要包括以下7类。

（一）通知

通知是每个人都较为熟悉的一种商务文书，对于通知，我们应该掌握以下内容，见表4-5。

表4-5　对于通知应掌握的内容

注意事项	详解
适用范围	1.向下属发的通知，即"下行文" 2.同属于一个系统但不相关也不相隶属的单位（即平级关系）发的通知，即"平行文"
适应性	1.企事业单位 2.党政机关 3.学校等

续表

注意事项	详解
种类	1. 会议通知 2. 指示性通知 3. 批准性通知 4. 发布性通知 5. 知照性通知 6. 周知性通知
写作格式	1. 标题 2. 主送对象 3. 正文 4. 署名 5. 附件

拓展训练

培训通知

各部门经理：

经董事会研究决定，12月20日将于多功能会议厅召开各部门主任会议。会议为期3天，主要汇报各部门全年工作的完成情况并研究明年的工作计划。要求各部门主任或副主任至少一人参加。

参加会议的人员，公司负责提供车辆接送；每人随身携带的物品体积不得大于3平方米，不得重于1kg；会后，公司把参会人员送往机场或者车站。会议时间较长，希望大家准备好必备的生活用品。

2023年12月16日

请以小组为单位，找出以上通知中存在的问题。

通过学习商务文书的写作技巧，我们可以发现此通知存在以下问题。

☆通知名称错误。

☆主送单位或对象与正文中的不一致。

☆正文中缺少具体的会议时间和行程安排。

☆计量单位不符合规范。

☆落款缺少发文单位名称。

☆缺少对具体出发以及报到地点的说明。

（二）报告

在日常工作中，绝大多数人撰写过报告。在西方国家，无论是报告还是总结都可以统称为"Report"；而在我国，报告特指一种由下而上的，下属对上级领导汇报阶段工作、反映问题、提出建议或就某个问题进行答复的上行文。

 范本

关于抚州××通信工程项目2023年3月施工计划任务分解的报告

总办：

依据总部下发的第二阶段任务指标和总体计划要求，以及代表处对地铁项目3月施工计划任务的分解，我项目部也对3月施工计划进行了合理的细化分解，并将遵照此计划，科学安排、精心组织，做好3月施工生产安排。

特此报告！

附件：江西省抚州××通信工程项目2023年3月施工计划任务分解

江西抚州项目部

那么，报告的种类都有哪些呢？通过上述案例，我们总结一下报告的写作格式，报告的写作格式如图4-6所示。

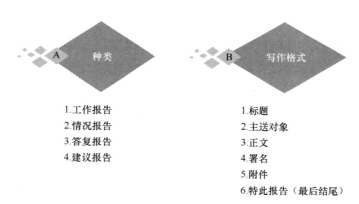

图4-6　报告的写作格式

（三）请示

当撰写者的单位及权限不足以做出相应的决策，此时就需要进行请示。请示这种商务文书在政府机关、经营性企业被广泛应用。

（四）申请书

申请书的运用较为广泛，例如，差旅申请表、假期申请书等。

范本

关于××的请示

（20××）××字第××号

尊敬的××总裁：

（正文内容）

以上可否，请批示。

×××办公室

（公章）

20××年×月×日

范本

差旅申请表

姓名	部门	员工编号	电话	出发日期	返回日期	编号

出差目的	
行程	
交通工具	
预计费用	
预借差旅费	
审批意见	

制单		审核		主管	

范本

假期申请书

尊敬的领导：

我自_____年_____月参加工作，工龄已年满_____年，根据带薪休假制度，我应享受_____天年休假，工作已安排妥当，现特申请年休_____年_____月_____日至_____年_____月_____日，请领导批准！

申请人：_____

____年____月____日

（五）会议纪要

对各种会议而言，最重要的就是要有议有决。那么，作为记录会议决议的商务文书——会议纪要自然非常重要。会议纪要的目的就是传达会议精神并对议定的事项进行记录。会议纪要的写作格式如图4-7所示。

1. 会议的目的、时间、地点、参会人、缺席人、主持人、报告人、议程等内容在导语中进行说明
2. 会议纪要的主体为决议事项或主要认识和意见
3. 在会议纪要的最后要对未来进行展望

图4-7　会议纪要的写作格式

范本

××××项目部工作例会会议纪要

参会信息	
会议时间	年　月　日
会议地点	
参会人员	
缺席人员	请假：
	旷会：
会议主持	
会议记录	

会议议题及内容		
议题1：		
议题2：		
序号	责任人	后期需完成或跟进的工作内容
1		
2		

（六）总结

总结是对经验教训的概括和梳理。关于总结，可以参考项目七"向上级汇报工作"中的内容。

总结的撰写应该注意以下3点要求。

☆总结的标题中一定要加入时间。

☆总结都是以第一人称书写的。

☆总结的内容通常包括经验教训、心得体会等。

（七）礼仪性商务文书

礼仪性商务文书常用于商务礼仪的社交活动中，其类型主要包括贺信贺电，邀请书或请柬，慰问信、表扬信、感谢信，欢迎词、欢送词、答谢词等，礼仪性商务文书分类如图4-8所示。

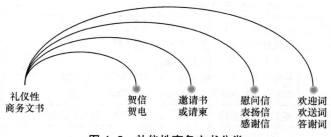

图4-8　礼仪性商务文书分类

练一练

请以小组为单位，选择其中两种进行商务文书的撰写。

（八）常见的合同（协议）

合同又称契约、协议，是平等的当事人之间设立、变更、终止民事权利与义务关系的协议。依法成立的合同从成立之日起生效，具有国家法律约束力。

常见的合同（协议）类型如图4-9所示。

1 承揽合同	2 买卖合同	3 劳动合同	4 租赁合同	5 服务合同
建筑装饰工程施工合同 电梯设备安装合同 建筑工程设计合同 ……	店面转让合同 工矿产品购销合同 食品购销合同 车辆买卖合同	劳动合同书 临时工合同 安全生产责任状 劳务协议	房屋租赁合同 房屋租赁协议 租车协议 土地租赁合同 店铺租赁合同	家庭装修合同 解除合同协议书 咨询服务合同 特许加盟合同 委托设计合同

图4-9　常见的合同（协议）类型

（九）商务邮件

商务邮件是当今商务活动中使用频率较高的文书之一，使用商务邮件应注意的问题见表4-6。

表4-6　使用商务邮件应注意的问题

序号	内容	具体要求
1	关于主题	标题不要空白，最好写上来自××公司的邮件，使对方一目了然，且便于留存
2	关于称呼与问候	1.恰当地称呼收件者，注意尺度 2.第一行顶格写称呼

续表

序号	内容	具体要求
3	正文	1. 正文要简明扼要，行文通顺 2. 自报家门 3. 论述语气，条理清晰 4. 客气用语，避免错别字
4	附件	1. 正文提示收件人查看附件 2. 注意附件命名，便于收件人下载管理 3. 正文应对附件内容简要说明 4. 附件数目不宜超过4个，数目较多时打包压缩成一个文件 5. 附件是特殊格式，应在正文中注明其打开方式
5	结尾签名	签名档可包括姓名、职务、公司、电话、地址等信息
6	回复技巧	1. 及时回复邮件 2. 设置优先级，最晚不超过24小时

范本

××公司培训课程及讲师简历

××先生：

您好！

我是××管理顾问有限公司的项目经理××。很高兴能够认识您，并有幸将我们公司介绍给您。我们公司的培训以培养素质技能技巧为主，曾经成功地服务过IBM、HP、微软、中海油、大唐移动、北京移动等，欢迎您访问我们公司的网址：××××××，希望您对我们公司有更多的了解。

附件是我们公司擅长的培训课程及讲师简历，请您查收。如有任何问题或建议，请您随时与我联系！希望我们能达成一致，在未来有合作的机会！

感谢您对我工作的支持！祝您工作顺利！

××管理顾问有限公司

项目经理：××

电话：×××××××××××

思考练习

分析以下案例，并回答问题。

某市地铁1号线计划投资700万元对通信系统设备及服务选取中标单位，共有A、B、C、D、E 5家投标单位参加了投标，开标时出现了以下情况。

建设单位委托一家符合资质要求的监理单位进行该工程的施工招标代理工作，由于招标时间紧，建设单位要求负责施工招标代理的监理单位采取内部议标的习惯做法密封招标文件。

A 投标单位的投标文件未按招标文件的要求进行密封。

B 投标单位虽按招标文件的要求编制了投标文件，但有一页文件漏打了页码。

C 投标单位的投标保证金超过了招标文件中所规定的金额。

D 投标单位的投标文件记载的招标项目完成期限超过了招标文件规定的完成期限。

E 投标单位某分项工程的报价有个别漏项。

为了在评标时统一意见，根据工程建设单位的要求，评标委员会由 6 个人组成。其中，3 个人是建设单位的总经理、总工程师和工程部经理，另外 3 个人在建设单位以外的评标专家库中抽取；经评标委员会决议，最终将成本价格最低的投标单位确定为中标单位。

请回答以下问题。

1. 采取的内部招标方式是否妥当？请说明理由。

2. 5 家投标单位的投标文件是否有效或应被淘汰？请分别说明理由。

3. 评标委员会的组建是否妥当？如果不妥，请说明理由。

4. 确定的中标单位是否合理？请说明理由。

参考答案。

1. 不妥。国有投资项目必须采用公开招标的方式选择施工单位，在特殊情况下可选择邀请招标，且具体采用公开招标还是邀请招标必须符合相关文件的规定，并办理相关审批或备案手续。

2. A 投标单位的投标文件属于无效投标文件，投标文件必须按照招标文件的要求密封；B 投标单位的投标文件属于有效投标文件，漏打了一页页码属于细微偏差；C 投标单位的投标文件属于有效投标文件，投标保证金只要符合招标文件规定的最低投标保证金即可；D 投标单位的投标文件属于应淘汰的投标文件，完成期限超过招标文件规定的完成期限属于重大偏差；E 投标单位的投标文件属于有效投标文件，个别漏项属于细微偏差，投标人根据要求进行补正即可。

3. 不妥。评标委员会成员应为单数，且招标单位以外的专家不得少于成员总数的 2/3。

4. 不合理。定标原则规定中标单位的投标价格不得低于成本价。

拓展训练

开展学院"招投标大赛"

学院将开展华晟经世杯——招投标技能大赛，请职业导师组织同学们积极参与。大赛的具体细节请职业导师结合学生的实际情况设定。

项目总结

　　王小梅非常感激龙旭的指导，在认真查阅了大量资料后，掌握了以上内容。相信勤奋的王小梅未来在职场中将会充分利用这些知识提升自己的岗位胜任力，以撰写合格的商务文书。

笔记：

项目五
设计公关方案

项目简介

　　良好的公共关系可以有效地帮助企业塑造形象、打造品牌、拓展市场并建立良好的人际关系。现代通信行业市场均采用招投标的方式进行工程发包。而在招投标活动中，各投标企业间的竞争已经不仅仅是工程质量的竞争、技术的竞争、价格的竞争、服务的竞争，还包括知名度的竞争、信誉的竞争和形象的竞争。良好的公共关系正是赢得形象竞争的一种有力手段，它能够增强企业的整体竞争力、树立企业信誉、提高企业的知名度和美誉度，为企业创造和谐融洽的舆论环境，使企业在众多竞争对手中脱颖而出、顺利夺标。

　　在招投标的过程中，各部、局、处及招标单位的相关负责人是影响评标和目标市场竞争态势的关键群体，具有权威性和决定性，要在标书中用文字清晰地表述出来。CCA信息公司对本次"××运营商网络优化集采项目"志在必得，经过前期的项目部署，其公关活动正式启动。我们在本章就来学习公关过程中的几个关键技巧。

 项目目标

1.了解"望闻问切"的沟通技巧。

2.学会运用公共策划的知识。

3.掌握信息收集的方法。

 知识图谱

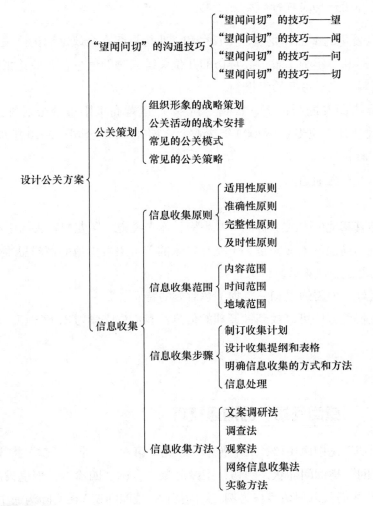

 案例讨论

设计公关方案

案例背景：随着贵州省人民政府办公厅《"无限网络·满格贵州——移动网络全覆盖"活动工作方案》的印发,治理手机信号盲区、弱区的问题被提上议程。××运营商贵阳市分公司的工作人员来到南明区富华松竹苑和遵义巷两个手机信号盲区,对手机信号和基站建设情况进行实地调查,确定新建基站方案。但在信号盲区,基站建设过程并不顺利,很多居民担心基站有辐射、危害身体健康。他们不仅不同意建设新的基站,而且要求拆除原来建成的信号塔,双方多次协商无果。

任务安排：面对这种情况，如果你是项目负责人，你要如何协调？以小组为单位进行讨论并设计切实可行的公关方案。

CCA信息公司的秦工、龙旭、张长弓和王小梅一起在会议室讨论公关策略，龙旭事先已经让张长弓和王小梅了解了要拜访的几位关键人物的信息，龙旭让张长弓说说都收集到了哪些材料。张长弓开始汇报。

"我在猎头朋友的帮助下，找到一份××运营商贵阳市分公司钟经理先前的简历——××大学计算机专业，2000年毕业，之前在××公司，2010年加入××运营商贵阳市分公司。"

"还有吗？"龙旭追问。

"没有了。"

"我们还有其他的方式了解他吗？小梅，你来说说。"龙旭转头问王小梅。

"我看过一篇他的论文，是关于光纤技术的。可以看出他的逻辑思维缜密，并且他对数字很敏感，是个严肃认真的人。"

"嗯，很好！懂得通过相关事物了解对方的特质。"

我们还有哪些方法可以找到钟经理的信息？我们先来学习以下知识，看能不能找到更多的答案。

任务一 "望闻问切"的沟通技巧

"望闻问切"是中医用语，最早源于《难经》第六十一难。"望"指观气色，"闻"指听声息，"问"指询问症状，"切"指摸脉象，合称"四诊"，现也被广泛运用于人际交往。下面，我们就以拜访客户为例，共同探讨"望闻问切"在实际沟通中的运用。"望闻问切"的特点如图5-1所示。

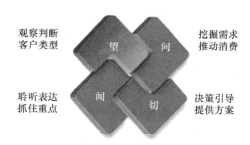

图5-1 "望闻问切"的特点

一、"望闻问切"的技巧——望

"望"在中医里指观气色。面对客户，第一步是观察，注意观察客户的言语、神态、办公室环境等。通过观察可以判断客户的心理，为接下来的交流做好铺垫。例如，我们去客户公司拜访，在还没有见到客户时，可以先观察办公室环境，研究装修风格，是否摆放含有客户个人信息的摆件，例如企业简介、资质证书、荣誉证书等，以及办公室里是否有字画、绿植等。这些都可能成为我们与客户交流的话题。当我们见到客户后，也不能只顾着介绍自己的公司和项目，要继续观察客户的神情态度、言行举止。很多人在沟通的过程中最容易犯的错误就是：客户的神情已经明显表现出不耐烦了，但销售员只顾着自己说，根本没有察觉客户的状态。我们不妨换位思考，如果你已经对谈话内容不感兴趣了，而对方却一直在说，你会听吗？答案肯定是"不会"。因此，客户一旦有神情态度的变化，例如，频繁地看手机、打哈欠、回应敷衍、眼神游离、一心二用、坐立不安、手部动作和脸部变化增加等，一定要立刻停止说话或转移话题。

拜访客户，要先学会观察。无论是工作还是人际交往，察言观色都是一项重要的能力。

二、"望闻问切"的技巧——闻

"闻"在中医里是指听声息。倾听是了解客户需求的重要技巧之一。事实上，"闻"和"望"是相结合的。所以，我们在观察的同时，还要耳听八方。例如，我们去客户家拜访时，可以听他的孩子在说什么，听他的爱人在说什么，从这些话语里说不定能找到客户的兴趣点，以及可能打动客户的点。

这就是客户拜访中的"闻"，通过耳朵听去感应，不仅要听出客户的表面意思，还要听出客户的"弦外之音"，在第一时间发现客户的潜在需求。

三、"望闻问切"的技巧——问

在大多数情况下，仅通过"望"和"闻"不能充分了解客户的需求，但要想提升工作效率，就必须快速了解客户的需求。因此，"问"是必不可少的。在与客户交流时，我们最需要掌握的就是提问技巧。在此，分享两个重要的提问技巧。

（一）黄金三问句

第一句：您之前是否接触过我们这个行业？

第二句：对于您之前接触的那家公司，您的体验感如何？

第三句：您体验后，有哪些不满意的地方，或者说还有哪些需求没有得到满足？

通过以上 3 个问题，我们至少可以获取以下 3 个信息。

第一，我们知道了客户是否有消费意识。客户以前接触过这个行业，了解该产品的消费意识，意味着我们不需要说太多关于产品重要性的引导性话语。

第二，我们知道了客户对上一家消费公司的态度。客户对上一家公司越满意，我们的成功概率越小，所以我们在介绍自己的产品之前，先了解竞争对手是否让客户满意，了解客户对上一家消费公司的态度和评价。

第三，我们知道了客户希望在哪些需求上获得满足，便于对症下药。也许我们的产品有100个优点，但再多的优点都不如解决客户的痛点重要。痛苦与快乐相比，痛苦的驱动力更大，因为痛苦会让人们急迫地想要改善现状。因此，我们只有抓住了客户的痛点、痒点、兴趣点，才能深挖客户的需求，提高成功率。

（二）二择一法则

心理学告诉我们，人们通常会一口回绝拿不定主意的事情。二择一法则就是针对这个有碍销售的问题，巧妙地运用人们微妙的心理实现目的的方法。例如，在邀约时，避免提出"您有时间过来吗？""您看您方便过来吗？"等类似问题。销售人员可以应用二择一法则，给对方两个选择，例如"您是一个人过来还是和王总一起过来呢？""您看我是为您预留一个还是两个名额呢？"无论客户选择哪个答案都是我们想要的，同时也意味着更容易达到邀约的目的。

四、"望闻问切"的技巧——切

在中医里，"切"是指摸脉象。客户的脉象是客户背后的核心需求，客户也许有很多需求，但一定有一个需求是他最关心的。所以，只要找到最核心的需求，其他问题也会迎刃而解。这个环节可以从以下3个方面着手。

第一，了解行业中大部分的客户在乎什么，换言之就是了解客户需求的概率和比例。例如，对于70%的传统企业而言，企业数字化转型升级是绝大部分企业的需求；对于70%的销售型企业而言，扩展人际关系和挖掘客户是企业的需求；而对于70%的初创企业来说，寻找合作伙伴、资金和客户是企业的需求。

第二，试探性问句。在客户说出来之前，先演练一遍客户想拒绝的所有理由，让客户没有可用的理由来拒绝。

第三，很多客户知道自己的需求，但是碍于一些原因不愿回应。这时，你要大大方方地告诉客户，以我对您的了解，我给您推荐的这款产品或这个方案是站在您的角度进行分析的。您目前存在3种问题，我们这款产品或这个方案，正好能有效解决这3个问题；此外，我们还有3项增值服务，所以于情于理，这款产品或这个方案都是最适合您的；最后再加上一句，您觉得我给您分析和推荐的是您需要的吗？如果客户说"是"，那就可以签单；如果客户说"不是"，则马上接一句"我遗漏了哪点需求，您告诉我，我立刻优化一下解决方案"。只要客户想签单，你的态度没有过于强势且服务到位，那这次合作十有八九就达成了。这就是"把脉"，即解决客户的后顾之忧，一针见血地给出解决方案。

🔍 案例分析

某日，一位阿姨来到××运营商营业厅向营业员咨询业务。

营业员：您好！请问有什么可以帮到您的吗？（**望：观察客户的衣着打扮，看起来比较朴素，年龄50多岁，初步判断可能是一位"求廉型"客户。**）

客户：你们打电话怎么这么贵？（**闻：通过客户的抱怨，坚定了"求廉型"客户的判断。**）

营业员：阿姨，您先别着急好吗？我马上帮您查一下。请问您是上个月话费比较高吗？

客户：是的。

营业员：那请报一下您的电话号码，好吗？

客户：×××××××××××。

营业员：×××××××××××，是吗？

客户：嗯。

营业员：请出示一下您的身份证件。

客户出示身份证件，验证无误后进行查询。

经查询，该客户上月话费的确比较高，原因主要是流量费用较高，该客户办理的还是早期套餐，无流量包。（**闻：通过平台查询，获得该客户的话费信息等。**）

营业员：阿姨，我给您看了一下，您上个月的话费的确比平时高，特别是流量费用这一部分。您上个月是用微信视频聊天或上网看视频了吗？

客户：嗯，我儿子前段时间教我用微信视频聊天，可方便了。

营业员：阿姨，请问您平时微信视频聊天多吗？

客户：以前没有，我也不会用。现在主要是儿子到北京念大学了，我想看看他，所以隔几天就会与他视频。（**问：经过主动询问，了解客户需求，基本确定要向客户推荐的产品。**）

营业员：阿姨，您看，您以后可能每个月都要视频聊天，而且每次视频的时间也很长，而您现在的套餐还是很早以前办理的，这个套餐里的流量少，超过的流量费用需要计费，超额部分特别贵。（**切：分析客户的现状，指出现存问题。**）

客户：嗯。

营业员：像您这样的情况，我们有一个特别适合您的流量包套餐，非常划算，每个月只需要支付 20 元，就可以拥有无限流量，您跟您孩子视频聊多久都可以。这是宣传单页，您可以看一下！（**切：推出产品，同时引起客户的兴趣。**）

客户：我看一下。

营业员：您用这个套餐进行视频聊天，特别划算。像您上个月 12 日、25 日视频聊天产生的流量费有 99.76 元，但如果您办理这个无限量流量包，费用仅为 20 元，您聊多久都是 20 元，要比 99 元划算多了，您说是不是？（**切：指出产品对于客户现状能够带来的改变，并着重强调了改变之后的价值——节省很多钱。**）

客户：这么划算啊。那这个流量包要怎么办理啊？

客户已经对产品产生了浓厚的兴趣，对无限流量包产生了明确需求。

· 任务二 · 公关策划

公关策划也称为公共关系策划，是公共关系人员根据组织形象的现状和目标要求分析现有条件，是策划并设计公关战略、专题活动和具体公关活动中最佳行动方案的过程。公关策划的目标是组织通过公共关系策划和实施达到理想的形象状态和标准。

在完成前期项目的调查研究之后，公关策划进入设计规划阶段，这是公共关系工作中最富有创意的部分之一。公关策划可以分成战略策划和战术策划两个部分。

战略策划是指对组织整体形象的规划和设计，整体形象将会在相当长一段时间内关系到组织的长远利益。

战术策划是指对具体公共关系活动的策划与安排，是实现组织战略目标的每个具体战略，包括组织形象的战略策划、公关活动的战术安排等。

一、组织形象的战略策划

组织形象的战略策划是指对组织整体形象的规划和设计，包括对组织未来若干年内生存发展环境的战略预测、组织将会遇到哪些竞争对手、组织的公众结构及公众需求将会发生怎样的变化等。

二、公关活动的战术安排

公关活动的战术安排过程如图 5-2 所示。

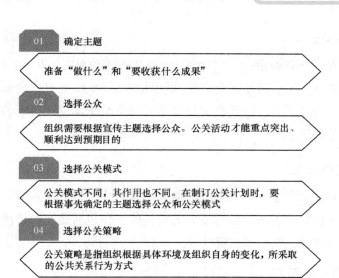

图 5-2　公关活动的战术安排过程

三、常见的公关模式

（一）宣传型公关

宣传型公关主要是指利用各种传播媒介直接向公众宣传自己，迅速将组织信息传播出去，形成有利于己方的社会舆论，包括发新闻稿、刊登公关广告、召开记者招待会、举办新产品发布会、印发宣传材料、发表演讲、制作视听材料等。宣传型公关的特点是主导性强、时效性强、范围广泛，能够迅速实现组织与公众的沟通，从而获得比较大的社会反响，但它的局限性主要表现为传播层次浅、信息反馈少，传播效果一般停留在公众的认知层面。

（二）交际型公关

交际型公关主要以人际交往为主，目的是通过人与人的直接接触，为组织广结良缘、建立社会关系网络、创造良好的发展环境。交际型公关的具体内容包括招待会、座谈会、宴会、茶会、慰问、专访、个人信函、电话等。交际型公关特别适用于少数重点公众，其特点是灵活而富有人情味，可使公关效果直达情感层次，但缺陷是活动范围小、费用高，不适用于数量庞大的公众群体。

（三）服务型公关

服务型公关以提供各种实惠的服务工作为主，目的是以实际行动获得社会公众的好评，树立组织的良好形象。服务型公关的具体工作包括售后服务、消费引导、便民服务、义务咨询等。服务型公关能够有效地使人际沟通效果到达行动层次。

（四）社会型公关

社会型公关是以各种社会性、赞助性、公益性的活动为主，为组织的信誉进行投资。社会型公关的具体形式包括举办开业庆典、周年纪念活动、传统节日庆祝活动、电视晚会，赞助文体、福利、公益事业，以及救灾扶贫等。每个组织都是社会中的一员，都需要承担不可推卸的社会责任。

（五）征询型公关

征询型公关以采集信息、调查舆论、收集民意为主，目的是通过掌握信息和舆论，为组织的管理和决策提供参考。征询型公关的具体工作包括建立信访接待制度、开展民意调查、建立热线电话、收集报刊资料等。

四、常见的公关策略

常见的公关策略有以下 5 种类型。

（一）建设型公关

建设型公关是指在组织的初创期或某个产品、服务刚刚面世时，以提高知名度为主要目的的公关活动。这时组织的形象尚不确定，产品也没有给公众留下过于深刻的印象。此时，公关策略应当以正面传播为主，争取形成良好的"第一印象"。从大众心理学的角度来看，需要争取一个好的"首因效应"。建设型公关常用的手段包括开业庆典、剪彩活动、落成仪式，以及新产品的发布、演示、试用、派送等。

（二）维系型公关

维系型公关是指组织在稳定、顺利发展时期，维系组织已享有的声誉、已建立的稳定关系的一种策略。维系型公关的特点是采取较低姿态，持续不断地向公众传递信息，在潜移默化中与公众维持良好的关系，使组织的良好形象长期保存在公众的记忆中。

（三）防御型公关

防御型公关是指组织公共关系可能出现不协调或者已经出现不协调，为了防患于未然，组织公关提前采取或及时采取的以防御为主的措施。

（四）进攻型公关

进攻型公关是指组织与环境发生某种冲突、摩擦时，为了摆脱被动局面、开创新的局面而采取的出奇制胜、以攻为守的策略。组织要抓住有利时机和有利条件，迅速调整组织自身的策略和行为，改变对旧环境的过分依赖，争取主动权，力争创造新环境，使组织利益不至于受到损害。

（五）矫正型公关

矫正型公关是指组织的公共关系状态严重失调、组织形象受到严重损害时所开展的一系列活动。组织要及时进行调查研究，查明原因、采取措施、做好善后工作、平息风波，以逐步稳定舆论、挽回声誉、重塑组织形象。矫正型公关属于危机公关的组成部分，例如，组织发生各种危机后采取的各种赔偿、致歉等手段。

· 任务三 · 信息收集

在信息大爆炸时代，信息对于每个人而言并不陌生，大家每天都会主动或被动地通过各种方式听到、看到大量的信息。但要真正有效地利用和发挥信息的作用，就要知道如何科学地收集信息和处理信息。下面，我们来共同探讨信息收集的概念、原则、范围、步骤及方法。

信息收集主要是指信息工作人员根据信息工作的需要，通过各种方式发现、获取所需信息的过程。信息收集工作是利用信息的第一步，也是关键一步。信息收集的程度直接关系到整个信息管理工作的质量。

一、信息收集原则

为了保证信息收集的质量，应坚持以下 4 项原则。

（一）适用性原则

适用即有用。大家在收集信息时，一定要清楚收集信息的目的、需求，有效锁定信息的收集范围。

（二）准确性原则

准确性原则要求收集的信息是真实可靠的，这是信息收集工作的基本要求。为达到这样的要求，信息收集者必须对收集的信息反复核实、检验，不能有任何曲解或掩饰，力求把误差降到最低。

（三）完整性原则

完整性原则要求所搜集的信息广泛、全面、完整，这样才能完整地反映管理活动和决策对象发展的全貌，为决策的科学性提供保障。当然，实际收集的信息不可能做到绝对的全面、完整。因此，如何根据不完整、不完备的信息做出科学决策是一个值得探讨的问题。

（四）及时性原则

及时性原则又称为适时性原则。信息的利用价值取决于该信息是否能及时地被提供，特别是重大紧急的信息。只有及时、迅速地将信息提供给它的使用者，才能更有效地发挥信息的作用。

二、信息收集范围

本着信息收集原则，信息收集范围可以从以下3种角度划分。

（一）内容范围

内容范围是指根据信息内容、信息收集目标和需求相关性特征确定的范围，包括本身内容范围和环境内容范围。本身内容范围是由与事物本身信息相关的内容特征组成的范围，环境内容范围是由周边与事物相关的信息的内容特征组成的范围。

（二）时间范围

时间范围是指在信息发生的时间上，根据与信息收集的目标和需求具有一定相关性的特征所确定的范围，这是由信息的历史性和时效性决定的。

（三）地域范围

地域范围是指在信息发生的地点上，根据与信息收集的目标和需求具有一定相关性的特征所确定的范围，这是由信息的地域分布特征和信息收集的相关性要求决定的。

三、信息收集步骤

信息收集一般包括以下4个步骤。

（一）制订收集计划

根据信息收集的目的、需求及内容范围，制订周密的、切实可行的信息收集计划。这是整个信息收集工作开展的关键点。

（二）设计收集提纲和表格

为了便于信息以后的加工、存储和传递，在收集信息前，要按照信息收集的目的和需求设计出合理的收集提纲和信息表格。

（三）明确信息收集的方式和方法

每个领域、每个行业甚至每个人都有不同的特点，要有效地收集信息，只有选择恰当的信息收集方式和方法，才能起到事半功倍的效果。

（四）信息处理

信息处理的重点是解决怎么写信息的问题，要去伪存真、由此及彼、由表及里，从大量收集的原始信息中筛选、提炼出带有全局性、典型性、规律性的信息，以调查报告、资料摘编、数据图表等形式呈现，并将这些信息资料与收集计划进行对比分析，如果不符合要求，还要补充收集信息。

四、信息收集方法

（一）文案调研法

文案调研法是指利用企业内部和外部现有的各种信息、情报资料，从浩繁的文献中检索出所需信息的过程。文案调研分为人工检索和计算机检索。人工检索主要是通过信息服务部门收集和建立的文献目录、索引、文摘、参考指南、文献综述等查找有关的文献信息。文案调研法的特点是检索速度快、信息量大，不受时空限制，是目前收集文献信息的主要方法。

（二）调查法

调查法一般分为普查和抽样调查两大类。普查是调查有限总体中每个个体的有关指标值。抽样调查是按照一定的科学原理和方法，从事物的总体中抽取部分称为样本的个体进行调查，用所得到的调查数据推断总体。对于个体的调查，若涉及人，则主要采用座谈调查法、问卷调查法和头脑风暴法 3 种调查方式。

（三）观察法

观察法是通过开会、深入现场、参与生产和经营、实地采样进行现场观察并准确记录（包括测绘、录音、录像、拍照、笔录等）调研情况。观察主要包括两个方面：一方面是观察人的行为；另一方面是观察客观事物。观察法的应用很广泛，经常和询问法、搜集实物结合使用，以提高所收集信息的可靠性。

（四）网络信息收集法

网络信息是指通过计算机网络发布、传递和存储的各种信息。收集网络信息的最终目的是为广大用户提供网络信息资源服务，整个过程包括网络信息搜索、整合、保存和服务 4 个步骤。

（五）实验方法

实验方法能通过实验过程获取其他方法难以获得的信息或结论。实验者主动控制实验条件，包括对参与者类型的恰当限定、对信息产生条件的恰当限定和对信息产生过程的合理设计，可以获得在真实的状况下，用调查法或观察法无法获得的某些重要的、能客观反映事物运行状况的有效信息，还可以在一定程度上直接观察研究某些参量之间的相互关系，有利于研究事物的本质。

思考练习

阅读以下案例，思考问题。

A 公司因业务需要拟招聘一名销售总监，合作方推荐了一位资深的猎头顾问 S 来负责招聘。在面谈中，S 刚听了两句招聘经理的介绍就马上打断了经理的话，S 说自己非常明白他们要找什么样的人，因为其做了很多类似的成功案例。招聘经理心里有些不踏实，还是尽量重复了重点要求，但 S 不以为意。最后，招聘经理只好说："我们公司的要求可能与其他公司有所不同，因为我们对这个人选有很高的期望……""放心好了，你们的要求我再清楚不过了。"说着，S 便离席了，结果两周之后 S 推荐的人选与公司的要求相差甚远。于是，双方又进行了第二次沟通，但遗憾的是没有任何改观，招聘经理只好婉言回绝了与这家公司的合作。

1. 请分析这次合作失败的原因。

2. 请谈一谈生活中类似的案例。

拓展训练

寻人游戏

1. 活动目的

① 锻炼学生的胆量及其"望闻问切"的沟通技巧。

② 培养学生的团队协作能力。

③ 加强学生的口头表达能力，提升个人的综合素质。

2. 活动内容

① 把提前设计好的目标对象要求表发给每组学员。

② 让每组学员以最快的速度找到 4 个与表格中的对象要求相匹配的人，以拍照为证并让其在表格中签名。

③ 分组分享你如何快速判断这 4 个人是你要寻找的目标对象。目标对象要求示例见表 5-1。

表 5-1　目标对象要求示例

特征	签名	签名	签名	签名
18 岁				
3 月生日				
戴眼镜				
穿白鞋子				
喜欢唱歌				

　　"望闻问切"对个人职业生涯的管理和企业的管理具有重要的现实意义。有的人说自己天生观察力差，其实是一种借口和消极的心理暗示，因为他不是不会观察，而是没有养成观察的意识和习惯。没有谁天生就是观察高手，观察力大多是后天培养的，日积月累地依靠对人的浓厚兴趣、感悟和经验积累而逐渐形成的。同样，倾听、提问题的技巧也可以通过后天培养得到提高。

　　有的人认为"切"的技艺非常高端，的确如此。因为"切"的技术主要源于积累，只有用心地"望""闻""问"和用心地实践总结，才能"切而知之"。但千里之行始于足下，我们需要一点一滴地及时总结，从自身找原因，促进自己与客户更高效的沟通。

笔记：

项目六
客户拜访及谈判

项目简介

根据业主方发布的消息，本次参加"××运营商网优集采项目"投标的5家单位中包括湖北长青××工程有限公司、福建××有限公司、广东××通信技术有限公司。这3家公司无论从资质等级、企业质量、企业荣誉（社会认可度），还是技术力量、经济实力等方面都与CCA信息公司不相上下。木总督促各部门的负责人建立各层级客户关系，龙旭带领他的团队负责公关，拜访了移动客户片区的网络优化项目经理钟经理。

钟经理是刚从其他区域调任过来的项目经理，龙旭与他没有接触过。根据前期收集的信息分析，钟经理做事严谨、稳健、不爱生气、重和谐，与广东××通信技术有限公司的陈副总私交较好，特别注重商务礼仪。龙旭看了看对面坐着的张长弓，再看看自己，因为常跑工地的缘故，两人都习惯了比较休闲的服饰。如果以这样的形象拜访客户，担心钟经理会认为自己不受重视。下班后，他特地拉上张长弓来到商场，每人选购了一套西装和一双同色系的皮鞋。

一切准备妥当，龙旭、张长弓按照之前与钟经理约定的时间提前10分钟来到××大厦。钟经理的助理已经在前台等候，看到龙旭、张长弓，相互问候介绍后，助理自觉地走到他们的左前方，将他们引到钟经理办公室。龙旭、张长弓坐了椅子的2/3，背部挺直，身体稍向前倾，等待钟经理的到来。

项目目标

1. 了解客户的拜访流程及技巧。
2. 了解商务礼仪的重要性。
3. 培养谈判共赢的意识。

知识图谱

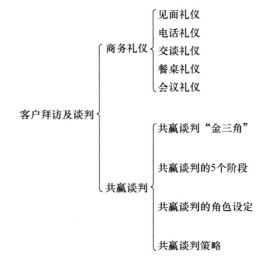

客户拜访及谈判
- 商务礼仪
  - 见面礼仪
  - 电话礼仪
  - 交谈礼仪
  - 餐桌礼仪
  - 会议礼仪
- 共赢谈判
  - 共赢谈判"金三角"
  - 共赢谈判的5个阶段
  - 共赢谈判的角色设定
  - 共赢谈判策略

情景模拟

模拟拜访客户

1. 企业背景

杭邑城市酒店原为某地标杆型高档酒店，经过多年经营，各种设施陈旧落后，为扭转局面夺回市场，正在重新装修。酒店现有客房 130 间，大小会议室 5 个，各类员工 100 人，按照四星级标准装修及完善配套设施。酒店原先使用电信网络、固定电话、电视，每月通信类支出费用为 10000 元。

2. 拜访目标客户信息

① 廖总是杭邑城市酒店的老板，是一位成功商人，对新鲜事物感兴趣。

② 廖总原先接触过我公司的产品，但是对我公司产品的印象一般，也不太了解我公司的业务，因此，我们好不容易才约到廖总。

③ 前期客户经理的交往仅限于廖总的个人手机业务，但上一次通过电话，廖总问我们是否能群发短信宣传杭邑城市酒店重新开张。

3. 演练要求

顺利约见客户，递交酒店融合方案，向客户当面讲解方案并成功签约。

4. 评分标准

① 成功预约（5 分）。

② 准备方案及熟悉拜访资料（15 分）。

③ 寒暄和赞美（10 分）。

④ 着装礼仪、会面礼仪（15 分）。

⑤ 方案介绍（20 分）。

⑥ 异议处理，确认签约（15 分）。

⑦ 语言表达及现场技巧呈现（20 分）。

收集完信息，在充分了解了竞争对手和甲方相关人员的信息后，投标组做了一份公关方案。带着这份自信和期许，龙旭携张长弓拜访了钟经理。龙旭开车，张长弓应该坐哪个位置？双方见面后，该如何相互介绍、握手、递交名片？我们先来学习商务礼仪中的基础知识，各位可以自己填补故事情节。

• 任务一 • 商务礼仪

古人言："不学礼，无以立。"在中国五千年的文明进程中，礼仪文化扮演了重要的角色。在今天，生活、工作等都离不开交际，而成功的交际离不开礼仪。

也许有人会想，作为一名网络优化工程师，只要技术过硬，还怕不能驰骋职场吗？然而，即使一个人有工作能力，但却不懂商务礼仪，那么就算进入公司，也不一定能得到大家的认可，在工作中，还需要使用许多商务礼仪去调节与上下级、同事之间的关系。在与客户交流协商时，也需要懂得商务礼仪。这也是龙旭拉着张长弓去购买西装的原因，要知道这一身行头可是花了他半个月的工资呢。企业要包装，商品要包装，个人形象也要包装。当然，除了仪表礼仪，商务礼仪还体现在生活和工作中的方方面面。借这次投标项目和客户公关，让我们跟着龙旭、张长弓一起学习吧。

一、见面礼仪

见面礼仪是指商务礼仪中最常用、最基本的礼仪。掌握见面礼仪，能给客户留下良好的第一印象，为以后顺利地开展工作奠定基础。常见的见面礼仪有问候礼仪、介绍礼仪、握手礼仪、名片礼仪等。

（一）问候礼仪

见面问候是我们向他人表示尊重的一种方式。虽然见面问候只是打招呼、寒暄或者简单的三言两语，但代表着我们对他人的尊重。在向他人问候时，我们需要注意以下问题。

1. 问候的内容

根据场合及问候对象的不同，问候内容大致分为两种。

（1）直接式

直接式即直接以问好作为问候的主要内容。它适用于正式的交往场合，特别是在初次见面的陌生商务及社交场合，常用语为"您好""大家好""早上好"等。

（2）间接式

间接式即以某些约定俗成的问候语或在当时的条件下可以引起的话题问候，替代直接式问好，适用于非正式的熟人之间的交往。常用语为"最近过得怎样""忙什么呢""您去哪里""吃了吗"等。

2. 问候的态度

问候是表达友好、善意的一种方式，在表达的态度上要注意以下3个方面。

（1）主动

要积极、主动地向他人问候，如果他人先向自己表示问候，要立即予以回应，千万不要摆出一副爱答不理的样子。

（2）热情

问候时要热情、友好、真诚，毫无表情或者拉个"苦瓜脸"的问候不如不问候。

（3）大方

问候时必须表现得大方得体。矫揉造作、神态夸张或者扭扭捏捏，反而会给人留下虚情假意的坏印象。另外，问候时要面含笑意，与他人有正面的视觉交流，以做到眼到、口到、意到。不要在问候对方时目光游离、东张西望，这样会让对方心里不舒服。

3. 问候的注意事项

（1）问候的次序

在正式场合，问候一定要讲究次序。当两人之间的问候是一对一时，通常是"位低者先问候"，即身份较低者或年轻者首先问候身份较高者或年长者。如果同时遇到多人，特别是正式会面时，既可以笼统地加以问候，如说"大家好"，也可以逐个加以问候。当一个人逐一问候多人时，既可以按照由"长"而"幼"的顺序依次进行，也可以由"近"而"远"依次进行。

（2）问候时的称呼

问候时称呼对方要遵循先上级后下级、先长辈后晚辈、先女士后男士、先疏后亲的原则，同时要注意关系、场合、动听三要素，就高不就低，让对方感受到被重视和尊重。

（二）介绍礼仪

介绍是社交场合中相互了解、拉近距离的基本方法。我们每天都在结交新的朋友，初次见面必不可少的就是介绍——自我介绍、介绍他人、集体介绍，得体的介绍可以给人留下良好的第一印象。

1. 自我介绍

（1）自我介绍的类型

依据不同的适用场合，自我介绍可以分为以下5种类型，自我介绍类型见表6-1。

表6-1　自我介绍类型

自我介绍类型	适用场合	介绍示例
应酬型	适用于某些公共场合和一般性的社交场合	如"你好，我是×××。"
工作型	适用于一般工作场合，以工作为介绍的中心，以工作会友	如"我叫×××，我是华为的业务经理，负责营销手机，有可能的话，我随时都愿意替在场的各位效劳。"
交流型	适用于社交活动，希望与交往对象进一步交流与沟通	如"你好，我叫×××，是福建福州人，现在在一家通信企业工作，您喜欢看科幻小说吧，我也是刘慈欣的书迷。"
问答型	适用于应试、应聘和公务交往	如"请问对工作地点有什么要求吗？""最理想的是在福建区域内，当然，如果岗位工作有需要的话，其他地方我也会考虑。"
礼仪型	适用于讲座、报告、演出、庆典仪式等一些正规而隆重的场合	如"大家好！在今天这样一个难得的活动中，请允许我做一下自我介绍。我叫×××，来自杭州××公司，是公司的总经理。首先我代表公司全体员工欢迎大家光临我公司，希望大家……"

（2）自我介绍的注意事项

第一，讲究态度。 态度一定要自然、友善、亲切、随和。在自我介绍时落落大方有助于给人留下好印象；相反，如果你流露出畏怯和紧张，目光不定、面红耳赤、手忙脚乱，则会使彼此间的沟通产生障碍。

第二，注意时机。 要抓住时机，在适当的场合进行自我介绍（当对方有空闲、情绪较好时），这样不会打扰对方。

第三，注意时间。 自我介绍还要言简意赅，尽可能地节省时间，一般以30秒左右为佳，不宜超过一分钟。为了节省时间，在做自我介绍时，还可利用名片、介绍信加以辅助。

第四，注意方法。 在进行自我介绍时，应先向对方点头致意，得到回应后再向对方介绍自己。如果有介绍人在场，自我介绍则被视为不礼貌，应善于用眼神表达自己的友善，以及沟通的意愿。如果你想认识某人，最好预先获得一些与对方有关的资料或情况，例如性格、特长及兴趣爱好，会使后续的交谈变得融洽。在获得对方的姓名后，不妨加重语气重复一次，这样会给对方一种被尊重的感觉。

2. 介绍他人

介绍他人，首先要了解双方是否有结识的意愿，其次要遵循介绍的规则，最后要在介绍彼此的姓名、工作单位时为双方找一些共同的谈话材料，例如双方的共同爱好、共同经历、相互感兴趣的话题等。

第一，介绍人的做法。 介绍时要有开场白，例如"请让我给你们介绍一下，张小姐，这位是……""请允许我介绍一下，李先生，这位是……"在为他人做介绍时，手势动作要文雅，无论介绍哪一方，都应手心朝上，手背朝下，四指并拢，拇指张开，指向被介绍的一方，并向另一方点头微笑。必要时，可以说明被介绍的一方与自己的关系，以便新结识的朋友相互了解。介绍人在介绍时要注意先后顺序，语言要清晰明了，避免含糊其词，以便双方记清对方的姓名。在介绍某人优点时要恰到好处，不宜过分称颂导致出现难堪的局面。

第二，被介绍人的做法。 作为被介绍的双方都应当表现出结识对方的热情。双方都要正面朝向对方。介绍时，除了长者，一般都应该站起来。但是若在会谈进行中或在宴会等场合，则不必起身，只需略微欠身致意即可。若方便的话，等介绍人介绍完毕后，被介绍人双方应握手致意，面带微笑并寒暄，例如"你好""见到你很高兴""认识你很荣幸""请多指教""请多关照"等，如果彼此需要，还可以互换联系方式。

3. 集体介绍

如果被介绍的双方一方是个人、一方是集体，应根据具体情况采用不同的介绍方式。

（1）将一个人介绍给集体

这种方法主要适用于在重大活动中介绍职务高者、年长者和特邀嘉宾。介绍后，可以让所有的来宾结识这位被介绍者。

（2）将集体介绍给一个人

这种方法适用于在非正式的社交活动中满足年轻人或职务低于其他在座人，想结识更多领导者的需要；也适用于正式的社交场合，例如领导者会见劳动模范和有突出贡献的人；还适用于两个职务平等的交往集体的相互介绍；同样适用于开大会时对主席台就座人员的介绍。将集体介绍给一个人的基本顺序有两种：一种是按照座次或队次介绍，另一种是按照职务的高低顺序进行介绍。不要随意介绍，以免使来者产生厚此薄彼的感觉，影响情绪。

请根据故事线索，模拟龙旭如何做介绍。

（三）握手礼仪

握手是社会交往中常见的礼仪，在见面、告别、祝贺、致谢等很多场合都需要用到它。握手时的位置、用力的轻重、时间的长短、是否用目光注视等，都可以反映一个人的修养和态度。所以，握手时的一些礼仪规定必须引起我们的重视。

1. 握手的由来

握手是人类在长期交往中逐渐形成的一种重要礼仪，它的由来有多种解释。目前，认可度较高的一种说法是握手礼仪最早可以追溯到"刀耕火种"的原始时代。那时，人们以木棒或石块为武器进行狩猎或争斗。狩猎中遇到本部落的人或敌对方，双方准备和解时，双方要放下手中的武器，伸出手掌，让对方摸一下手心，以示友好。这种习惯后来演变为现代的握手礼。

2. 握手的正确方法

（1）握手的标准动作

行握手礼时，不必相隔很远，也不要距离太近。一般距离约一步，上身稍向前倾，伸出右手，四指并齐，拇指张开，虎口相对，一握即可，不要相互攥着不放，也不要用力。与女士握手时，不要满手掌相触，轻握女士手指部位即可。

（2）握手顺序

通常，握手顺序根据握手人的社会地位、年龄、性别和身份来确定。上下级握手，下级要等上级先伸出手；长幼握手，年轻者要等年长者先伸出手；男女握手，男士等女士先伸出手；宾主握手，主人应向客人先伸出手，而不论对方性别。总而言之，社会地位高者、年长者、女士、主人享有握手的主动权。若朋友、同辈见面，先伸出手则更有礼貌。

（3）握手的时间和力度

握手的力度、姿势与时间的长短往往能够表现握手人对对方的不同礼节与态度，我们应该根据不同的场合，以及对方的年龄、性格、社会地位等因素准确把握。握手的时间要恰当，时间长短要因人而异。一般初次见面握手的时间不宜过长，以 3 秒为宜，切忌握住异性的手久久不松开。握手时的力度要适当，可握得稍紧些，以示热情，但不可过于用力，特别是男士握女士的手应轻一些。如果晚辈或下级与你的手紧紧相握，作为上级和长辈一般也应报以相同的力度，这容易使晚辈或下级对自己产生强烈的信任感。

（四）名片礼仪

名片作为联络工具，不仅能推销自己，快速地帮助我们与对方建立联系，而且还可用于祝贺、答谢、拜访、慰问、赠礼附言、辞行、吊唁、访客留话等。

名片的基本内容有姓名、工作单位、职务、职称、通信地址等，也有把爱好、特长等情况写在上面的，选择哪些内容由个人需要而定，但无论繁简，都要求信息新颖，形象定位与众不同。

商务活动中所携带的名片一定要数量充足，确保够用。所带名片可以分门别类，根据不同交往对象选用不同的名片。

1．名片递送

名片递送时机如图 6-1 所示。同时，递送名片要见机行事，注意观察对方的意愿和把握名片的递送时机。

图 6-1　名片递送时机

第一，出示名片的顺序。一般是职务低的人先向职务高的人递送名片，男性先向女性递送名片。但在多人之间递交名片时，不宜以职务高低决定递送顺序，切勿跳跃式递送，甚至遗漏其中某些人。最佳方法是由近及远、按顺时针或逆时针方向依次递送。

第二，出示名片的方法。递送名片前，应先向接收名片者打个招呼，令对方有所准备。递送动作一般是起立或欠身用双手递送名片，面带微笑，注视对方，双臂自然伸出，四指并拢，用双手的拇指和食指分别持握名片上端的两角送给对方，名片正面朝上，文字内容正对对方，递送时可以说"我是××，这是我的名片，请多关照"之类的话。

2. 名片接收

（1）态度谦和

接收名片时应起身或欠身，面带微笑，用双手接住名片的下方两角，接过名片后应致谢或说"能得到您的名片，真是十分荣幸"等。

（2）认真阅读

认真地看一遍表示对对方的尊重，可将对方的姓名、职称念出声来，并抬头看看对方的脸，使对方产生一种受重视的满足感，若有不会读的字，应当场请教。

（3）精心存放

应将其谨慎地置于名片夹、公文包、办公桌、上衣口袋内或其他稳妥的地方，且应与本人名片区别放置。切忌接过对方的名片一眼不看就随手放在一边或放在口袋内，不要将名片拿在手中随意玩弄，不要当场在名片上书写或折叠。

（4）有来有往

接收对方的名片后，如果没有名片可交换，应向对方表示歉意，主动说明，告知联系方式："很抱歉，我没有名片""对不起，今天我带的名片用完了"，切忌毫无反应。

3. 名片索取

依照惯例，最好不要直接开口向他人索要名片。但若想主动结识对方或者因其他原因有必要索要对方的名片时，可酌情采取下列方法。索取名片的方法如图 6-2 所示。

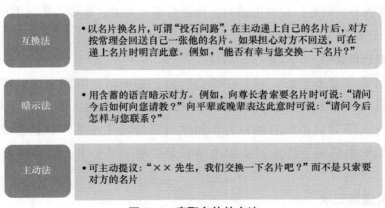

图 6-2　索取名片的方法

他人索取名片时，不应直接拒绝。若确实有必要这么拒绝时，则应注意分寸。

 情景模拟

请根据故事线索，模拟拜访中的递交名片礼仪。

二、电话礼仪

电话被现代人公认为便利的通信工具。在日常工作中，人们通过电话沟通能够粗略判断对方的人品、性格。因此，掌握正确的、礼貌的打电话方式是非常有必要的。

（一）电话基本礼仪

1. 重要的第一声

当接打电话时，若一接通就能听到亲切的招呼声，对方心里一定会很愉快，双方的对话才可能会顺利展开。接打电话时声音清晰、悦耳、吐字干脆，容易给对方留下好印象。因此，在接打电话时，应有"第一声十分重要"的意识。

2. 要有喜悦的心情

打电话时，要保持愉快的心情。这样，即使对方看不见你，也会被你欢快的语调感染，便于给对方留下好印象。面部表情会影响声音的变化，所以，即使在电话中，也要抱着"对方看着自己"的心态去应对。

3. 清晰明朗的声音

在打电话的过程中绝对不能吸烟、喝茶、吃零食，如果你打电话时，弯着腰瘫坐在椅子上，对方听你的声音就是懒散的、无精打采的；若坐姿端正，所发出的声音也会亲切悦耳、充满活力。因此，在打电话时，即使看不见对方，也要当作对方就在眼前，尽可能地注意自己的仪态。

4. 迅速准确地接听

工作人员通常业务繁忙，桌上往往会有两三部电话，听到电话铃声，应准确迅速地拿起听筒，最好在3声之内接听。电话铃声响一声大约3秒，若长时间无人接听电话或让对方久等是很不礼貌的行为。如果电话铃响了5声才拿起话筒，应该先向对方致歉；如果电话响了许久，接起电话只是"喂"了一声，会给对方留下不好的印象。

5. 认真清楚地记录

随时牢记5W1H技巧。5W1H是指When（何时）、Who（何人）、Where（何地）、What（何事）、Why（为什么）、How（如何进行）。在工作中，这些信息都是十分重要的，

对打电话、接电话具有相同的重要性，电话记录既要简洁又要完整。

6. 了解来电话的目的

上班时间打来的电话几乎都与工作相关，不可敷衍，即使对方要找的人不在工位，切忌只说"不在"就把电话挂断。在接电话时，要尽可能地问清事由，避免误事。具体而言，要了解对方来电的目的，如果自己无法处理，则应该认真地记录下来，委婉地探求对方的来电目的，这样才能不误事且赢得对方的好感。

7. 挂电话前的礼貌

在结束电话交谈时，一般应当由打电话的一方提出，然后彼此客气地道别，说一声"再见"之后挂电话，不可只管自己讲完就直接挂断电话。

（二）电话接听流程

电话接听流程如图6-3所示。

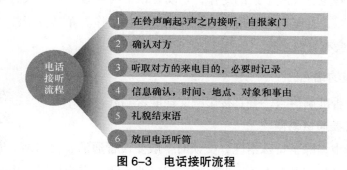

图6-3　电话接听流程

请根据故事线索，模拟拜访前龙旭打电话给钟经理的电话礼仪。

三、交谈礼仪

交谈是人与人之间建立联系、交流思想、沟通感情、消除隔阂、促进合作的一个重要渠道，是人际交往的重要手段。但是交谈并不是简单的开口说话，它需要遵循一定的规范和原则，这就是交谈礼仪。

（一）交谈的态度

在与人交谈时，应当体现出以诚相待、以礼相待、谦虚谨慎、主动热情的基本态度，绝对不能逢场作戏、虚情假意或敷衍了事。

1. 神情自然

首先，交谈时的目光应当专注，或注视对方，或凝神思考。如果一方眼珠一动不动，眼神呆滞，目光游离，或者直愣愣地盯着对方，都是极其不礼貌的行为。其次，交谈时可适当地运用眉毛、嘴、眼睛在形态上的变化，来表达自己对对方所言的赞同、理解、惊讶或疑惑，从而表现自己的专注，使交谈顺利进行。最后，交谈时的表情应与说话内容相配合。与领导谈话，应恭敬大方；与客户谈话，应亲切自然。

2. 说话礼貌

与人交谈时，要注意语调、语态、语气和语速。不宜大声喧哗，要舒张有度、亲切友善、恭敬有礼，切忌指手画脚、咄咄逼人，同时要注意聆听、有来有往。

3. 举止得体

交谈中要善于运用举止传递信息，例如，发言者可用手势来补充说明其所阐述的具体事由，同时要避免过分或多余的动作，切勿在谈话时左顾右盼，或将双手置于脑后，或高架"二郎腿"，甚至出现剪指甲、挖耳朵等不雅动作。尤其应当注意，不要在交谈时以手指指人，会有轻蔑之意。

（二）交谈的语言

语言运用是否准确恰当，会直接影响交谈能否顺利进行。

1. 交谈语言要通俗易懂

在日常工作中，除了特殊情况，交谈时一般要说普通话、明白话、通俗话。不要使用对方听不懂的方言，也不能滥用书面语言、专业术语。在交谈时，应充分考虑到对方的职业、受教育程度等因素，以务实为本，要通俗易懂、生动形象。

2. 掌握交谈口语

考虑口头交际的双向性、互动性。在交谈过程中，要随时对自己所运用的口语的具体内容与形式进行适度的调整。同时，交谈要简明扼要、发音标准、吐字清晰，所说之话的含义明确，以免造成不必要的误会。

3. 交谈文明礼貌

交谈中要善于用一些约定俗成的礼貌用语，例如"您""谢谢""对不起"等。切忌对他人冷嘲热讽，也不可处处卖弄才识。同时，在交谈中应当尽量避免使用某些不文雅的语句和说法，对于不宜言明的一些事情，可以尽量用委婉的词句来表达，多用一些约定俗成的隐语。例如，想要上厕所时，可以说"对不起，我去一下洗手间"，或者说"不好意思，我去打个电话"。

（三）交谈的内容

交谈是双方思想、感情交流的过程，双方都想通过交谈获得知识、拓宽视野、增长见识、提高水平。所以，交谈的内容要言之有物、言之有序、言之有礼，要遵守一定的原则。

1. 切合语境

交谈内容务必要与交谈的时间、地点与场合相适应，否则就有可能出错。同时，交谈内容还应符合自己的职务身份，使谈话内容符合我国的法律法规，并与单位和领导的方向保持一致，切勿泄露本单位的机密信息。

2. 因人而异

在交谈时，要根据交谈对象的不同而选择不同的交谈内容。谈话的本质是一种交流与合作。因此，在选择交谈内容时，应当根据对方的性别、年龄、性格、民族、阅历、职业、职务等选择适宜的话题。

3. 回避禁忌

在与他人交谈时，应当把握好"度"。在态度上要注意克制，不要引起对方的不快；不可一言不发，也不可没完没了；不可讽刺挖苦，也不可骄傲自大。在内容上要慎重斟酌，不宜对自己的单位或领导横加非议，必须时刻维护单位的声誉，绝不能对自己的领导、同事、同行说三道四。商务交往"五不谈"如图 6-4 所示。

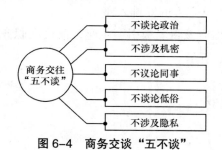

图 6-4　商务交谈"五不谈"

情景模拟

请根据故事线索，模拟拜访钟经理时 3 个人的交谈礼仪。

经过团队的努力、缜密的公关策略，CCA 信息公司顺利竞取福建泉州、厦门、漳州等地的第一标段份额，公司庆功宴邀请项目部全体人员团建，上到总经理，下到实习生，团团坐在包厢里。问题来了，当应届生参加此类场合时，应该怎么做？

四、餐桌礼仪

餐桌礼仪，顾名思义，就是指吃饭用餐时在餐桌上的礼仪常识。

（一）桌次排列

远离门或居中的为主桌，其余桌次的高低以离主桌的远近而定，近者为高，远者为低，平行者以左桌为高、右桌为低。桌次排列如图6-5所示。

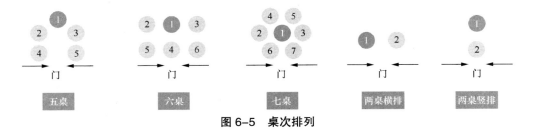

图6-5　桌次排列

（二）座次排列

总的来讲，座次是"左为上""面朝大门为尊"。若是圆桌，则正对大门的为主客，主客左右手边的位置则以离主客的距离为准，越靠近主客，位置越尊，相同距离则左侧尊于右侧。若是八仙桌，且有正对大门的座位，则正对大门一侧的左席为主客。

如果你是主人，那么应该提前到达，然后在靠门的位置等待并为来宾引座。如果你是被邀请者，那么就应该听从主人的安排入座。

如果你的老板出席，你应该将老板引至主座，请最高职务级别的客户坐在主座左侧的位置。座次排列如图6-6所示。

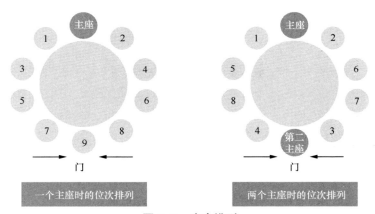

图6-6　座次排列

（三）点菜

如果时间允许，你应该等大多数客人到齐之后，将菜单供客人传阅，并请他们来点菜。

如果你是赴宴者，则不该在点菜时太过主动，而要让主人来点菜。如果对方盛情要求，你可以点一个价格不太贵、大家又不忌口的菜。记得征求一下桌上其他人的意见，特别要问一下"有没有哪些是不吃的"或"比较喜欢吃什么"，让大家感觉被照顾到了。点菜后，可以询问"我点了菜，不知道是否合几位的口味"或"要不要再点些其他的"等。

（四）用餐

中国人一般都很讲究吃，也很讲究吃相。以中餐为例，中餐宴席进餐开始，服务员送上的第一道湿毛巾是擦手的，不要用它去擦脸；吃虾、鸡、水果时，服务员会送上一只小小的水盂，其中飘着柠檬片或玫瑰花瓣的水不是饮料，而是洗手用的；洗手时，可两手轮流沾湿指头，轻轻涮洗，然后用小毛巾擦干。用餐时要注意文明礼貌。

1.不要反复劝菜

对外宾不要反复劝菜，可向对方介绍中国菜的特点，吃不吃取决于他。有人喜欢向他人劝菜，甚至为对方夹菜。外宾没有该习惯，如果你一再客气，外宾有可能会反感。

2.文明取食

客人入席后，不要立即动手取食，而应待主人打招呼，由主人举杯示意后，客人才能开始取食，客人不能抢在主人前面取食。夹菜要文明，应等菜肴转到自己面前时再动筷子，不要抢在邻座前面。一次夹菜也不宜过多，要细嚼慢咽，这不仅有利于消化，而且是餐桌上的礼仪要求。绝不能将大块食物往嘴里塞、狼吞虎咽，这样会给人留下贪婪的印象。

五、会议礼仪

会议礼仪是指在召开会议前、会议中及会议后，参会人员应该注意的一系列职场礼仪规范。

（一）会前准备

现代化的会议离不开各种辅助物品和器材，在召开会议前就应该准备妥当。

1.桌椅、名牌、茶水

桌椅是最基本的设备，可以根据会议的需要摆成圆桌型或报告型。如果参加会议的人较多，一般采用报告型，不需要准备名牌；如果参加会议的人比较少，一般采用圆桌型，并且要制作名牌，让与会人员方便就座。

会议上的茶水最好用矿泉水，因为每个人的口味不一样，有的人喜欢喝茶，有的人喜欢喝饮料，还有的人喜欢喝咖啡，所以如果没有特殊要求，矿泉水是能让每个人都接受的选择。

2.签到簿、名册、会议议程

签到簿的作用是帮助确认与会人员的姓名和人数，一方面便于会议组织者查明是否有人缺席，另一方面能够使会议组织者根据签到簿安排下一步的工作，例如就餐、住宿等。名册可以方便会议的主席和与会人员尽快地掌握各位参加会议人员的相关资料，加深了解，熟悉彼此。会议议程是方便所有与会人员更好地了解会议所要讨论的问题、会议顺序计划，获得有效信息。

3. 黑板、白板、笔

在部分场合，与会人员需要在黑板或白板上写字或画图。虽然视听设备发展很快，但是传统的表达方式依然受到很多人的喜爱，而且借助黑板或白板表述具有即兴、方便的特点。此外，粉笔、万能笔、板擦等配套工具也必不可少。

4. 各种视听器材

投影仪、幻灯机、摄像机、激光指示笔或指示棒等视听器材给人们提供了极大的便利。在会议召开前，必须先检查各种器材是否能正常使用。如果要用幻灯机，则需要提前做好幻灯片。摄像机能够把会议的过程和内容完整地记录下来，有时需要立即把会议的结论或建议打印出来，这时就需要准备一台小型的打印机。

5. 资料、样品

如果会议属于业务汇报或产品介绍，那么有关的资料和样品是必不可少的。在介绍一种新产品时，单凭口头泛泛而谈是不能给人留下深刻印象的，但如果给大家展示一个具体的样品，一一介绍它的特点和优点，那么给大家留下的印象就会深刻很多。

（二）座次排定

一是环绕式。环绕式就是不设立主席台，把座椅、沙发、茶几摆放在会场的四周，与会人员在入场后自由就座。这种安排座次的方式与茶话会的主题最相符。

二是散座式。散座式排位常见于在室外举行的茶话会。座椅、沙发、茶几自由组合，甚至可由与会人员根据个人要求随意摆放。这样可以营造出一种宽松、惬意的社交氛围。

三是圆桌式。圆桌式排位指的是在会场摆放圆桌，请与会人员在周围自由就座。圆桌式排位又分为两种形式：一是在会场人数较少的情况下，仅在会场中央安放一张大型的椭圆形会议桌，请全体与会人员在周围就座；二是在会场摆放数张圆桌，请与会人员自由组合。

四是主席式。主席式排位是指在会场上，主持人、主要领导和主要嘉宾被安排在一起就座。

（三）发言礼仪

会议发言分为正式发言和自由发言两种，前者一般是报告，后者一般是讨论。正式发言者应穿戴整齐、步态自然，体现自信自强的风度。发言者发言时应讲究逻辑、简明扼要。如果是书面发言，发言者要时常抬头扫视一下会场，不能低头读稿，发言完毕应对听众的倾听表示谢意。

自由发言则比较随意，发言人要注意发言顺序，不能争抢发言；发言应简短，观点应明确；与他人有分歧时，应以理服人、态度平和，听从主持人的指挥，不能只顾自己。

如果发言人遇到有人提问，应礼貌作答，对不能回答的问题应机智而礼貌地说明理由，认真地听取批评和意见，即使提问者的批评是错误的，也不应失态。

（四）与会礼仪

职场人在公司里一定要养成顾全大局的习惯。除了公司和部门的会议，职场人也会参加一些其他公司的会议。在参加会议之前，要做好准备。

开会前，要多听取上司或同事的意见，做好参加会议的准备。如果临时有事不能出席，必须通知对方。

开会时，如果需要发言，内容应简明扼要。在听其他人发言时，如果有疑问，要通过适当的方式提出来。在别人发言时，不要随意插话，不要说悄悄话或打瞌睡；没有特殊情况不要中途退席，即使退席，也要征得会议主持人的同意。

任务二　共赢谈判

谈判，由"谈"和"判"两个字组成。"谈"是指双方或多方之间的沟通和交流，"判" 就是决定一件事情。也就是说，谈判是为了从对方那里获得我们想要的东西而进行沟通或交流的一个过程。而"共赢谈判"是把谈判当作一个合作的过程，和对方像伙伴一样，共同找到满足双方需要的方案，使方案涉及金额更合理、风险更小。

一、共赢谈判"金三角"

在谈判中，有一个谈判的"金三角"：一方面是自身需求，另一方面是对方需求，在自身需求与对方需求的基础上，构成一个金三角，即共同基础。共赢谈判"金三角"如图 6-7 所示。"共赢谈判"不仅要找到最好的方法去满足双方需求，而且要满足共同基础的条件，即责任和权利的分配问题，例如成本、风险和利润的分配。"共赢谈判"的结果应该是"你赢了，但我也没有输"，双方需求都得到相应的满足，这才是理性谈判。

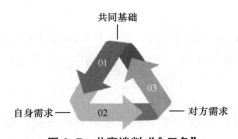

图 6-7　共赢谈判"金三角"

二、共赢谈判的 5 个阶段

共赢谈判分为 5 个阶段，即准备阶段、开始阶段、拓展阶段、评估调整阶段、达成协议阶段。共赢谈判的 5 个阶段见表 6-2，每个阶段都是至关重要的。如何把握时局，赢得主动？如何才能进退自如、攻守得当？如何在关键时刻亮出自己的底牌？每个点都会直接影响谈判的最终结果，那么在各个阶段又要注意哪些内容呢？

表 6-2　共赢谈判的 5 个阶段

阶段	内容
准备阶段	确定谈判目标、评估谈判对手、制定谈判策略、拟订谈判议程、设定谈判底线等
开始阶段	打造专业的谈判形象、营造良好的谈判氛围、机智地回应对方问题
拓展阶段	破解对方战术、建立自身谈判优势、解决谈判障碍
评估调整阶段	强化自身优势、削弱对方优势、适时让步策略、守住谈判底线
达成协议阶段	选择合适的结束谈判的方式，促进互让、签订合同

三、共赢谈判的角色设定

共赢谈判中有单兵作战，也有多人作战，但一般比较大的项目都需要多人配合完成谈判工作。每个人承担的角色是什么，在谈判的准备阶段要商量好。谈判中一般存在以下 5 种角色。

（一）首席代表

首席代表负责调动谈判资源，指挥谈判，安排谈判小组中的其他人履行自己的职责，需要时召集相关人员加入谈判。此外，还要裁决与专业知识有关的事宜。首席代表应该由专业人员担任，但首席代表不一定是谈判小组中职位最高的。

（二）"红脸"

在谈判双方意见分歧较大、陷入僵局、谈判进行不下去时，"红脸"可以发挥"和事佬"的作用。"红脸"一般由被对方大多数人认同的人担当。"红脸"的责任是对对方提出的要求和观点表示理解，并给予对方安全感。

（三）"白脸"

"白脸"的作用是让对方感到压力，在谈判较激烈或者对方来势凶猛时使谈判中止或暂停，这样可以削弱对方的优势，"白脸"的另一个责任是使对方暴露出他们的弱点。

（四）强硬派

强硬派的作用是在每件事情上都采取非常强硬的态度，让其他组员服从他。另外，观察并记录整个谈判过程，使谈判小组的注意力集中在谈判目标上，避免跑题。

（五）"清道夫"

"清道夫"是指将所有的观点集中，并作为综合体提出来。他的责任是设法使谈判走出僵局，防止讨论偏离主题，指出对方论据中自相矛盾的地方。

在谈判小组中，这5类角色缺一不可，但这5类人不一定要同时参与谈判，也可以是同一个人。在谈判中，一个人可以扮演不同的角色，他有可能既是"白脸"又是"清道夫"。

四、共赢谈判策略

（一）按谈判方的态度制定策略

1. 对合作型谈判方的策略

在商务谈判中，对方的态度对谈判能否顺利进行有着直接影响。合作型谈判方具有强烈的合作意识，注重谈判双方的共同利益，渴求达成双方满意的结果。对这类谈判方的策略，应该因势利导，在互利互惠的基础上尽快达成协议。

2. 对不合作型谈判方的策略

不合作型谈判方一般会不厌其烦地阐述自己的观点和立场，不断地抨击对方的建议而不关心如何使双方的利益得到维护。对待这类谈判方，只有采取恰当的对策，才能引导其从观点争论转向为双方共同获利而努力。一种是实施"迂回策略"，避免与对方产生正面冲突，引导对方为双方的共同利益设想多种选择方案，努力将谈判引向成功；另一种是实施"调停策略"，在"迂回策略"不奏效的情况下，可运用"第三方调停策略"，即请局外人帮助协调双方的矛盾。

（二）按谈判方的实力制定策略

1. 对实力强于己方的谈判方的策略

面对实力强于己方的谈判方，为避免陷入被动局面而签订对己不利的协议，首先可以考虑"底线策略"，即事先制定一个可接受的最低标准。从买方讲，就是定出可接受的最高价；从卖方讲，就是定出可接受的最低价。其次要采取"鸡蛋分开放策略"，即在预先确定谈判底线的基础上，认真准备B计划，为谈判留一条后路。

2. 对实力弱于己方的谈判方的策略

当对方实力较弱时，谈判者具有较大的回旋余地和主动权，但要谨防疏忽大意、痛失机遇。在有利的条件下，谈判者可考虑采取"先声夺人策略"，事先深入分析和研究对方情况，包括对方的财务状况、市场地位、对谈判的渴求程度、过去经常使用的谈判策略和手法等。在谈判进入正式阶段后，谈判者可以语气婉转地指出对方的不足之处或不现实的想法；另外，采用"出其不意策略"，给对方施加压力，促使其用对己方最有利的条件达成协议。

（三）根据谈判方的风格制定策略

根据谈判方的不同风格和特点，谈判策略可以大致分为以下4种类型，分别为分析型、支配型、表达型、亲切型。

1. 分析型

分析型谈判方一般喜欢有自己的私人空间。面对这种类型的谈判方，我们应该尊重其对个人空间的需求，做事不要过于随便，要公事公办，在着装上要更加正式，与其交流时，要摆事实，确保正确。

2. 支配型

支配型谈判方做事比较冷静、独立，以自我为中心。面对这种类型的谈判方，应该充分准备，以事实数据说话，不能挑战其权威，可考虑采用"哀兵策略"。

3. 表达型

表达型谈判方的表达能力强，充满激情，有创造力，喜欢参与，但逻辑性一般。面对这种类型的谈判方，应注意给予其更多表达的机会和时间，在做工作时要注意书面确认环节。

4. 亲切型

亲切型谈判方喜欢与人打交道，待人热诚，做事细心。面对这种类型的谈判方，应该适当放慢语速，以友好非正式的方式与其沟通，通过提供个人帮助，建立彼此信任的关系。

思考练习

1. 如果满分10分，你给自己的形象打几分？目标值是几分？

2. 小组成员讨论，评选出小组形象代言人。

3. 训练题：抓拍校园不符合礼仪的行为，并制作成PPT，供内部分享讨论。

4. 案例题：

A公司总经理、副总经理、男经理、女经理、实习生一行5人乘车出行，由总经理亲自驾车，前往公司周年庆典现场。驾驶车型如图6-8所示，请问另外4人的位置该怎样安排？若有专职司机的情况，则5人位置又该怎样安排？为什么？

图6-8　驾驶车型

　　本项目主要学习了商务礼仪的见面礼仪、电话礼仪、交谈礼仪、餐桌礼仪、会议礼仪、共赢谈判等知识，这都是有效拜访客户的关键。只有知己知彼，才能在商务交往中应变自如，真正地控制局面。而且商务礼仪及谈判在生活中无处不在，小到个人矛盾处理，大到国家公共关系协调，"共赢谈判"是解决矛盾、保证双方利益的最好途径之一。双方通过谈判，不仅能化解矛盾，而且能找到最好的方法满足双方需要。

笔记：

项目七
向上级汇报工作

项目简介

龙旭和张长弓拜访钟经理后，刚回到办公室，木总就来电话了，"龙旭，你们到我办公室来一趟。"

"好的"，龙旭看看时间，"我5分钟后到。"

龙旭挂电话后，拿起笔在本子上写了起来，边写边和张长弓说："准备一下，5点整，我们到木总办公室开会，可能是问我们拜访的情况。"

张长弓快速地去了一趟洗手间，拿上本子和笔，和龙旭快步走进木总办公室。这时，木总正坐在办公室的沙发上给他们沏茶，当他们一进来就关切地问："今天拜访情况如何？"

"今天拜访移动片区项目经理……"

龙旭用一分钟就汇报完今天的拜访情况，条理清晰，说服力强，在一旁的张长弓握紧笔刷刷地记录起来，心想龙经理竟然用一分钟就把事情汇报完毕，难怪两年就当上了项目经理，自己要向龙经理好好学习。

汇报完出来后，张长弓在茶水间遇到了龙旭，张长弓抓住机会说："龙经理，刚才你的汇报真是太精彩了：内容简短、条理清晰，我看得出来木总很满意。你有时间分享一些经验给我吧！"

龙旭心想，这小子还挺好学："可以啊，刚好我有事需要你帮忙。你晚一点儿下班，我们去会议室坐一下，喝杯茶。"

……

 项目目标

1.分清并掌握向4种类型领导汇报工作的方法。

2.掌握向上级汇报工作的技巧及注意事项。

 知识图谱

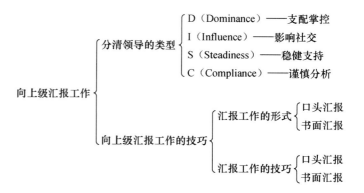

项目活动

西天取经

唐僧小队西行取经，一日，唐僧让猪八戒和孙悟空到前方打探情况，两人回来后分别向唐僧做了汇报。

唐僧："前方情况如何？"

八戒："师父，前面有妖怪，我们绕道走吧。"

唐僧："可还有其他消息？"

八戒："我去了宋家寨、裂风峡附近的村落询问，都听说附近常常有人失踪，所以很可能有妖怪出没。"

唐僧"嗯"了一声，不置可否。这时，孙悟空飞了回来，唐僧转向孙悟空。

唐僧："悟空，你那边了解的情况怎么样？"

……

请小组各成员讨论孙悟空将如何汇报，15 分钟后请小组代表上台模拟。

提示：唐僧属于哪种类型的领导？唐僧为什么不满意猪八戒的汇报？

总结：你从这个活动中得到什么启发？

·任务一· **分清领导的类型**

"小张，你来公司半年多了，你认识的木总是个什么样的人？"龙旭问道。

张长弓心想：完了，怎么回答呢？我一个新员工，哪敢评价领导啊？"我与他没有直接接触。我只听老员工说木总是个做事很严谨的人。"

"是的，木总做事严谨，他有一种不达目的不罢休的精神，他不喜欢别人奉承他，而我们汇报的时间已经临近下班时间了。如果是你，你会怎么做？"

张长弓的思绪突然回到大学的课堂上，他在校企合作班的职业素养学习中，就学习过 DISC 行为模型理论，木总的类型就像《亮剑》里的李云龙。

"哦，原来我们要先了解汇报对象的风格。"

为什么同一件事，当你向部门负责人汇报时，他会认可你："这样的细节都能关注到，想得很细致啊！"到了老板那儿，他的反应却是"不用太啰唆，直接告诉我结果就好"。你可能会觉得，这是因为老板太忙了，但其实还有其他的原因。老板认不认可你的汇报，取决于你是否有受众思维，能否根据他的类型，选择合适的沟通风格。

心理学家威廉·摩顿·马斯顿曾提出一套成熟的人类行为模型，即DISC。根据这套行为模型，可以把人的沟通风格分为4种：掌控型（Dominance）、影响型（Influence）、支持型（Steadiness）、谨慎型（Compliance），现代人的行为模式基本可以被囊括在这4种风格中。根据这4种沟通风格，我们可以把领导也分为4种类型。

一、D（Dominance）——支配掌控

掌控型领导的性格特征是：有自信，没有耐心，目标明确，凡事讲理，不容易接受别人的意见，会做出给人压迫感的行为。

掌控型领导的沟通方式直接且强硬，喜欢简单明了、以结果为导向的沟通，不愿意多讲重复的话，希望每次沟通都直入核心。他们热情且富有创意，在工作上有很强的决断力。所以，向他们汇报时，建议结论先行，让他们先听到结果或目的并以他们的目的为出发点，让他们感觉自己正掌控着局面。

二、I（Influence）——影响社交

影响型领导的性格特征是：感性、乐观，情绪起伏大，不喜欢烦琐的事情，口才好，喜欢新鲜事物。

影响型领导的沟通方式是热心且带有说服力的，擅长通过自己的热忱和行动影响周围的人，让他人认同自己的观点和理念。所以，向他们汇报工作时，建议用SCQA框架，将事实包装于故事中，多体现自己的创意，在轻松、自然的状态下和他们沟通。

三、S（Steadiness）——稳健支持

支持型领导的性格特征是：稳健，不容易生气，重和谐，不善于表达，很有耐心，不喜欢改变，易犹豫不决，倾向于团队一起做决策而非单独决策。

支持型领导的沟通方式温和且有所保留，很少用强势或激烈的沟通语言，若没有明确的思考结果，就不会轻易发言。所以，向他们汇报时，建议事前做好规划，在汇报时不但要说明目前的状况，而且要描述将来的打算。工作细节也不能忽略，以便得到领导的指导和支持。

四、C（Compliance）——谨慎分析

谨慎型领导的性格特征是：完美主义者，谨慎，重流程，要求精准，喜欢通过比较做决策，会询问细节，一般喜欢从数据和细节中发现问题的本质。

谨慎型领导的沟通方式是冷静、理性的。他们喜欢思考，在沟通中话不多，且习惯用数字、事实等逻辑性、说服力较强的内容作为沟通的支撑，数据和事实是说服他们的最好依据。所以，向他们汇报时，一是要提前做好逻辑树，整理好素材；二是要多用客观事实和数据。

向上级汇报工作的技巧

汇报工作对每个人来讲，都是工作中必不可少的组成部分。要记住，你的工作只有通过汇报才能让领导知晓。

一、汇报工作的形式

汇报工作有两种基本方式：口头汇报和书面汇报。

（一）口头汇报

口头汇报即直接与领导面对面地汇报，一般有以下 4 种形式。

第一，随时随地汇报。 在工作现场或某个地方没有做太多准备就向领导汇报。

第二，定期小结汇报。 直接找领导汇报阶段进展情况、存在的问题、处理措施、下一步工作计划，例如部门常规报告例会。

第三，单独汇报。 在项目实施过程中随时请示的汇报。这种汇报一般是随时、随机的，时效性强。

第四，电话汇报。 通过电话汇报，随时接受指示，开展工作，建议非紧急情况勿用。

（二）书面汇报

书面汇报即通过媒介进行的工作汇报，一般有以下两种形式。

第一，信息汇报。 通过各种沟通工具汇报，包括微信、短信、钉钉等公司指定或非指定的沟通工具。这种汇报贵在及时，在工作中发现问题要随时汇报。这里需要强调的是注意文字的准确和标点符号的使用，并及时回复领导的信息。

第二，书面文字汇报。 书面文字资料可通过电子邮件、传真等传递，收件人要及时查收回复。

二、汇报工作的技巧

（一）口头汇报

"我特意留了 5 分钟给自己，因为我要整理一下思绪和需要准备汇报的数据。这对我很有帮助。"龙旭说。

1."前、中、后"原理

（1）汇报前的准备

第一，汇报材料。 材料的准备至关重要，千万不要认为"材料这么多，领导肯定不会细看"。一般重大的决策或方案，领导除了听口头汇报，还会挑重点细看，所以材料准备要十分严谨。

第二，汇报草稿。草稿不一定是文字稿，也可以是腹稿。草稿要有逻辑性，材料可延展。

第三，整理好仪容仪表。在汇报工作之前要注意仪容仪表，特别是当汇报对象是平时很少见到的领导或比较重要的领导时。

第四，别忘记带上笔和本子。特别是新员工，开会不带笔和本子，会让别人觉得你办事不认真、不专注。

第五，会议前的"打探"。与其说是"打探"，不如说是对汇报前的环境、氛围等进行细致的观察。如果领导办公室有其他人在，建议不要汇报，领导的工作状态对汇报的情况有直接影响。如果担心领导的工作状态不好，完全可以提前询问当日汇报过工作的同事感受如何。如果比较适合去汇报，那就安心去；如果领导状态不好，那就再择机汇报。

第六，提前预约。如果是主动汇报工作，建议提前做好预约，以免扑空。

（2）汇报中的小锦囊

第一，说重点。不用太多的铺垫，直入主题。先说整体，领导会提问个别细节，你的解释自然就取代了铺垫的内容。

第二，主动向领导详细汇报。将汇报分成几个部分：各部分主要讲什么，你的构想是什么，你的构想从何而来，方案一的风险是什么，方案二的问题在哪里，你的建议是什么。

第三，仔细聆听领导提出的问题，及时做出解答。

第四，巧妙应对质疑。如果领导反对你的方案或提出质疑，先虚心听取领导的意见，再阐述自己的想法，也许会有转机。

第五，把握好时间。在向领导汇报工作之前应该事先了解一下领导是否有其他安排，在领导不忙时向其汇报工作的进展情况；如果领导办公室刚好有客户或领导正在打电话，切勿进去打扰。

第六，掌握必备礼仪。在进领导办公室之前，应该先敲门示意，敲门声音建议由轻到重，力度要得当，切忌过轻或过重；待领导示意进门，方可进入，切忌未经许可就打开门进入领导办公室。进入办公室之后，要第一时间向领导问好，然后简单阐述自己的目的。如果领导有时间，就会认真听取你的工作汇报；如果领导正好有事在忙，那么可以先把书面报告递交给领导，他看完后一般会找时间再与你细谈。

第七，谈吐举止得体。在与领导谈话时，切忌啰唆、毫无条理，不然会给领导留下一个不好的印象。最好能够按照书面报告的顺序，按重点、次重点讲述，节省领导的时间。

第八，虚心请教领导。在汇报完自己的工作后，提出自己对本次工作的个人见解与建议。同时，要询问领导的看法，虚心向领导请教，哪里可以改进，或者自己在工作中遇到了哪些问题，需要领导指点迷津。切忌询问过于简单或没水平的问题，尽量提出对公司业务发展有帮助的问题。

（3）汇报后的总结工作

每次汇报都是向领导展示自己的专业能力的好时机。汇报完毕后，一定会有一些值得自己纠正和完善的地方，可以记录下来，作为下次汇报的小锦囊。

2. 汇报过程中的技巧

"是的，这一点很重要，所以在汇报时要有应对的方法。基本上，以结果为导向的领导喜欢先听到结果，所以在开始时我就向木总说了结果，然后也给出了建议，让他做决定。但如果木总不是这种类型的，像《西游记》里的唐僧，则需要提供较多的依据支撑观点，然后强化总结一下。"龙旭说。

（1）PREP 表达模型

☆ P（Point）：结论。

☆ R（Reason）：依据。

☆ E（Example）：具体事例。

☆ P（Point）：强化结论。

🔍 案例分析

孙悟空汇报

紧接着本章开头的项目活动"西天取经"，我们来看看孙悟空是怎样汇报工作的。

唐僧："悟空，你那边了解的情况怎么样？"

孙悟空："师父，我建议绕道。"

唐僧："这是为何？"

孙悟空："经过打探，我发现西北方有妖怪，直接通行很不安全。另外，从西南方绕道也不会耽误太长时间，所以我建议绕道。具体来说，直行 40 里后有白面狐狸精的气息，我估计它的洞穴就在宋家寨方圆 20 里以内。那一块人迹荒凉，听闻常有妖怪出没。若坚持直行，我们还要途经裂风峡，此处地势险要，很容易被附近的妖怪伏击。但如果我们从西南方绕道义庄，只需多行 30 里路，便可避开宋家寨和裂风峡。另外，我们还可以在那里休整一晚，明日赶路更有效率。我已经联系好义庄的一位老翁，可以让咱们借宿他家。如果快的话，我们酉时便可以落宿义庄。师父，你觉得怎样？"

PREP 可以理解为"总—分—总"结构，也就是把结论放在开头，一开始就明确信息传达的目标，让对方知道你接下来要说什么；说完结论之后，再依次说明依据和具体

事例；最后重新强调一遍结论，让对方加深印象。其实，PREP 是基于对受众的考虑来组织逻辑的。因为我们在接收信息时，都希望先明白这些信息对自己有什么意义，需要自己做些什么。孙悟空成功的汇报正是运用了 PREP 的表达框架。

☆ P（结论）：建议绕道。

☆ R（依据）：西北方有妖怪，绕道走不会耽搁太久。

☆ E（具体事例）：具体妖怪和地势，直走的坏处及绕道的好处。

☆ P（强化结论）：建议绕道，已联系上义庄可以借宿的老翁。

孙悟空知道师父属于谨慎型的人，所以在汇报的过程中，详尽地展开分析并提供解决方案。同时，孙悟空了解师父不愿意绕道耽误时间，所以特意提到"绕道可以休整一晚，让明日赶路更有效率"。

（2）SCQA 表达模型

☆ S（Situation）：事情是在什么情况下发生的。

☆ C（Complication）：冲突有哪些。

☆ Q（Question）：提出问题。

☆ A（Answer）：回答。

🔍 小故事

为什么你涨不了工资

小陈到公司工作两年多了，比他后进公司的同事陆续得到了升职的机会，他却原地踏步，心里很不是滋味，心想：他们运气都这么好，也许关系比较硬吧，又或许老板看我不顺眼……

一天，小陈冒着被解聘的风险，找到老板理论："老板，我是否有过迟到、早退或违章乱纪的行为？"小陈问。老板干脆地回答："没有啊，你一向很遵守规矩。"

"那是公司领导对我有看法吗？"老板先是一怔，然后说："当然没有，我们都觉得你是个好员工。"

"为什么比我进公司晚，比我资历浅的人都可以升职，但我一直在一个微不足道的岗位上工作了两年多，也没有得到老板的赏识，没有升职也没有加薪？"小陈继续说。

老板一时愣住了，不一会儿笑笑说："你的事咱们等会儿再说，我这里有个急事，要不你先帮我处理一下？"原来，客户准备到公司考察产品和公司的实力情况，老板叫小陈联系他们，问问他们什么时候过来。"这真是个非常重要的任务。"出门前，小陈不忘调侃一句，心里却在想：老让我干这种芝麻小事。20 分钟后，小陈回到老板办公室汇报工作。

"联系好了吗？"老板马上问。

"联系好了，他们说可能下周才能过来。"

"具体是下周的哪一天？"

"这个我倒没有细问，不清楚。"

"他们一共多少人来啊？"

"啊！您没让我问这个啊！"

"那他们是坐火车、飞机还是怎么来？"

"这个您也没让我打听啊！"

老板不再说什么了，他打电话叫朱三过来。朱三比小陈晚到公司一年，但现在已经是一个部门的负责人了，老板交给朱三刚才的任务。大概10分钟后，朱三回来了。

"哦，老板，是这样的……"朱三开始汇报，"他们是坐下星期三下午5点的飞机，大约晚上8点到，他们一行8个人，由采购招标部袁经理领队，我跟他们说了，我们会安排接机。另外，他们打算考察3天，具体行程等他们到后，双方再协商。为了工作方便，我建议把他们安排在附近的迎宾馆，既方便又有档次和诚意，如果您同意，明天我就提前预订房间。再有，下周天气预报有阵雨，我会随时与他们联系，如果行程有变，我随时向您汇报。"朱三出去后，老板拍了拍小陈的肩膀说："嗯，现在我们来继续谈谈你提的问题。"

"额，不用了，我已经明白了，谢谢老板，打搅您了。"

3. 汇报工作的时机

"汇报工作还要注意时间，虽然这次是木总主动叫我们去的，但从我们回到办公室水还没有来得及喝一口，电话就响了，而且是快下班的时间，可以看出木总很关注这件事，因此，向他汇报工作要及时。我最怕职场新人是'闷葫芦'，做了也不懂得表达出来。"龙旭说道。

职场中有两类人：一种人每天只会说"领导，我这个不会，那个不会"；还有一种人接到任务后就闷头苦干，在过程中与领导没有沟通，任务完成后才向领导汇报。这是职场新人常犯的两种错误。

汇报不及时导致的结果可能有以下3种。

第一，领导认为你做事不靠谱。是否遇到了困难？是否走了弯路？是否能够按时完成任务？领导下达任务后却无法掌握你的工作状态。

第二，领导与你的信息不同步。领导提出了新要求，你却一无所知，辛辛苦苦忙活一场，结果与领导的期待不符。

第三，领导认为你的工作任务不够多。你明明忙得不可开交，领导却觉得你无所事事。

及时汇报工作，不仅有助于领导了解你的工作情况，给予你指导和帮助，还可以避免执行偏离既定目标。此外，主动汇报工作还能体现出尽职尽责的职场态度，给领导留下很好的印象。哪些情况必须汇报呢？《不会汇报工作，还敢拼职场》这本书里总结了以下6个建议。

第一，做好工作计划后，应该立即向领导汇报。这样可以让领导了解工作计划的内容，并从大局出发，提出合理的建议和意见，做出有益的、有效的修改，避免你在工作的具体执行中做无用功。

第二，当工作进行到一定程度时，要保证领导对我们的工作进度、遇到的难题或取得的成果有所了解。这样，领导会心中有数，及时地给予我们帮助和支持。

第三，当工作中出现意外时，我们要及时向领导汇报，寻求领导的支持和帮助。因为在一般情况下，领导的能力素养和人际资源总比我们更胜一筹。

第四，员工一定要记住，凡是自己权限以外的事情，必须请示领导。一方面，这表示我们对上级的尊重；另一方面，我们不必承担额外的责任。很多人会猜测上级的意图，觉得应该没有问题，或者根据以往的经验觉得没问题，但实际上这是站不住脚的，不要超越权限范围。最常见的如财务方面的问题，关乎钱的事，一定不要擅自做主，没有权限的人在做任何承诺时一定要在请示领导后再做答复。

第五，出错了，及时汇报。报喜不报忧是多数人的通病，但是，碰到出错的情况不能有所隐瞒，不好的消息越早汇报越有价值，因为有利于采取相应的措施，减少损失。如果延误了时机就可能造成无法挽回的大错，知错就坦诚沟通，有助于及时解决问题。

第六，当工作结束后，要把整体情况主动向领导汇报。工作中哪些事情做得好、需要总结经验，哪些问题需要改进以及如何改进，都要汇报。即使是全权委托的事也要汇报，在上级已经把事情全部委托给我们的情况下，我们不仅要和领导仔细探讨各种问题，请示相关情况，还要及时汇报各种相关事宜。作为职场新人，领导通常会有意识地给我们安排一些稍有难度的工作，因为这是想培养、锻炼我们。不要认为领导是在为难自己，而要将其看成一次机会，因为领导一般都会暗中观察。在这种情况下，我们更有必要把事情的前因后果详细地向领导汇报。事后汇报要达成3个目的：**告知结果（取得哪些成果）、展示业绩（做了哪些贡献）和总结经验（从中学到了什么）。**

4. 汇报工作的注意事项

"还有，我们到木总办公室那会儿他在泡茶，说明此时他较为放松。所以，我们的谈话氛围很好。如果老板刚批评了一位员工，你就进去，汇报时你就要谨慎一些了。这时就别和他谈预算了，别再惹他上火了！"龙易继续说道。

对初入职场的新人来说，学习职场礼仪，掌握必要的职场技巧非常有必要。特别是一些工作进展应该及时向领导反馈，在汇报的时候，更应该注意自身的措辞与举止，每个细节都会被领导察觉，这些细节往往对个人的岗位提升有很大的影响。在职场中，常见的汇报工作注意事项有以下 4 点。

第一，领导正在气头上时。察言观色也是一种能力，当领导正在气头上时，事情可以缓一下就先缓一下，但如果事出紧急马上需要领导决定，你必须鼓起勇气去找领导。这时需要注意，尽可能避免再度引起领导的不快，但是如果又触怒了领导，就不要再说话了。

第二，领导正在忙或者开会时。领导正在见贵客或者正在开会，有些职场新人总是没有预约就"勇闯"领导的办公室，领导使眼色也看不出来。如果遇到这种情况，你应该马上道歉并离开。

第三，领导在休假时。领导在休假期间，一般会把事情安排好，这要看领导是哪种类型的，他喜欢什么样的汇报形式。建议对于领导给你安排的任务，事先与领导约好，通过邮件等形式汇报，千万不要一条一条地发微信、短信。

第四，领导电话未接或者打不通时。如果领导不在，建议你先判断事情的紧急程度，再决定要不要打电话。如果领导不接电话，千万不要打第二次、第三次，也许领导这会儿正在赶来的路上。

（二）书面汇报

"好多刚毕业的人是典型的工程师性格，一是只会做不会说，二是既不会说又不会写。写个日报那么多错别字，十句有八句不通顺，有的啰啰嗦嗦写了很多，没有重点；有的每天都用一个模板。领导不能天天监督你的工作，写个日报告诉领导今天做了什么，是表现的好机会，也体现了一个人的态度和能力。你是不是也好几次没写？"龙旭说。

张长弓害羞地点点头："下次不会了，下次不会了。"

龙旭笑了笑，又给张长弓分享了几点经验。

1.书面汇报的益处

书面汇报和口头汇报的区别在于书面汇报是用媒介传递信息。对于职场新人来说，掌握汇报工作的技巧可以帮助你获得领导的关注和晋升的机会。在通信行业，特别是以"项目制运作"为背景的公司，总部想要监督项目部的工作信息，除了会议汇报，大多数来自每个员工提交的日报、周报、月报等。很多人认为汇报工作需要打字很麻烦，但对于职场新人来说，书面汇报是对自己很有利的汇报方法。

第一，汇报工作是自我提升的基础。只有记录每天的工作内容，对自己的工作进行梳理，才能理性地看待自己的工作方式和技巧，发现自己的不足。写日报可以帮助自己持续改进，是一种提高职场竞争力的方法。

第二，汇报工作是自我保护的方法。职场中总是有很多问题，其中许多问题是事后才体现出来的，所以把工作记录发给领导或上传到管理平台中，可以更好地留痕，这些痕迹可以保护自己。

第三，汇报工作是工作交流的途径。 有的项目离公司总部很远，区域项目经理不在驻点办公，公司总部领导看不到你的表现，只能通过文本信息或邮件了解你的工作状态、项目的进展，以及是否需要帮助，汇报工作就是你和上级领导交流的途径，因此学会汇报工作相当重要。

第四，汇报工作是职场生涯的记录。 你的点点滴滴都写在报告里，积累起来就是你的成长轨迹。

2. 书面撰写过程报告的方法

汇报工作一般分为结果汇报和过程汇报。结果汇报是事情已经有了结果，你只需要汇报结果就可以。过程汇报是最难的，你要详细地汇报事情的过程，告知过程中的困难，听取上级领导的建议。如果不懂汇报，很可能给上级领导留下办事不力的印象。所以，你要尽可能地做好汇报。以下总结了两个常用的方法。

（1）5个步骤汇报工作

第一，现状是怎样的。 先简单介绍这项工作的目前状况。一般，这个环节就按照领导吩咐的去做，在汇报时，可以这样写："按照之前的计划，我们进行了……。"证明工作已经开始。

第二，事情进展情况。 也就是事情的进度，我们开展项目的进度如何。在汇报进度时，可以这样写："经过大家的努力，我们目前已经完成了……现在准备进行……。"主要说明工作开展的进度。

第三，存在的问题与困难。 汇报工作的第3个步骤就是汇报目前的进展、存在的问题及遇到的困难。我们可以这样写："在进行到……的时候，我们遇到了……的困难，经过初步认定是……存在……问题。"而这个问题一般是大问题，小问题不建议写进报告。

第四，解决问题的思路。 解决问题的思路也可称为建议，就是告诉领导工作存在的问题，你建议的解决思路是什么，并简要地予以阐述，听取领导的意见和建议。例如，"我们公司的……遇到的这个困难，他们应该做……我们是不是应该修改……，我觉得可以这样解决问题，不知道领导是否同意。"

第五，未来的行动计划。 在征求领导的意见之后，你需要简单地把你的行动计划告诉他，取得领导的认可后，你就可以行动了。如果通过这次汇报，你能够做出成绩，领导对你的信任就会大幅增加。

（2）用KPT方法撰写日报

日报就是每日的工作总结，月报就是每月的工作总结。职场新人怎么编写工作日报呢？我们学习一下源于日本的KPT方法。KPT由3个部分组成：**Keep** 指当前你正在做的事务或者项目的正常描述；Problem 是你今日遇到的问题；Try 是你明天准备尝试的解决方案。

 范例

工作报告

　　姓名：王月　　　　**报告日期：2023 年 5 月 6 日至 12 日**

一、主要工作的内容描述

1. eMTC 业务测试。

2. 同安区方特停车场 NB 投诉复测。

二、遇到的问题和困难

1. eMTC 业务测试下行速率低，MAC 层和物理层速率相差太多，设备识别不出 SIM 卡，龙尚设备连不上网络。

2. 办公室无线环境差，导致用户接入失败。

三、可采取的解决方案

　　1. eMTC 业务测试下行速率低建议查询数据配置或更换设备，MAC 层与物理层速率相差太多可以通过修改参数或基站版本来解决，SIM 卡问题可以通过到营业厅购买全新的 LTE 卡来解决识别问题，龙尚设备连不上网络已与鼎力厂商技术支持人员进行沟通调试，目前未有进展。

　　2. 办公室主覆盖信号的两个小区均已 100% 接入，可找时间与用户联系，通过用户设备做尝试，经后台查看指标来确认情况。

范例

工作报告

员工姓名：罗鑫　　　　　　　　　　　　　　　**报告日期：2023 年 11 月 2 日至 6 日**

序号	工作项目描述	遇到的问题和困难	可能采取的解决方案
1	学习：《员工手册》、公司各个业务流程	无	无
2	实践：与陈工到 ×× 进行路测两次	对鼎力软件的使用熟练程度不够，导致工作效率不高	多向陈工学习，多出去实践
3	报告：分析路测报告，撰写两份解决方案	路测报告撰写得不够规范	向陈工等技术专家请教，多做、多看

　　这两个范例一个以 Word 文本的形式呈现，另一个以 Excel 表格的形式呈现，但都

是用 KPT 方法展示工作状态与工作能力，可以清晰地向领导传达工作中的困难并寻求帮助。罗鑫的这份工作报告，有以下两个亮点。

亮点一：有量化的数据，可以看出工作量，例如"与陈工到 × × 进行路测两次"。

亮点二：总分结构汇报，可以让上级领导看清楚工作范畴，例如"学习—实践—报告"。日报会写了，那月报和周报是不是也会写了？不要小看这两种模板，在职场汇报工作中，能坚持用这两个模板汇报工作的人，都能让领导另眼相看。

3. 撰写年度总结

时间过得真快，在投标项目组全体的努力下，CCA 信息公司拿到了"× × 运营商集采网优项目"。年底，公司和往常一样开展年度全员总结大会，要求全员自上而下地撰写年度总结。

张长弓也在积极准备，有了龙旭经理的指导，张长弓对撰写年度总结还是很有自信的，他想抓住这次机会，好好表现。

年度总结是公司员工根据企业制度规定或工作职责的需要，定期或不定期地向上级领导或上级相关部门陈述本人在一定时间内履行岗位职责情况的书面报告。

一份优秀的年度总结不仅是员工展示自我风采的绝佳"窗口"，也是一份工作经验的总结。好的年度总结纲举目张，不仅能让人把问题看得清清楚楚、明明白白，优美的语言还会让人十分赏心悦目。

（1）年度总结常见的错误

第一，事无巨细，没有重点，只是工作量的汇总。一整年的工作涉及方方面面，大小事情很多，不用事无巨细地对所有工作进行总结，要清楚年度总结绝不是月总结或周总结的堆砌，一定要抓住这一年的工作重点和几个突出的成绩、亮点进行阐述。年度总结不仅是工作量的罗列、汇总，而且要通过总结上升到一定的高度，让自己认清所做的工作。没有经验体会的年度总结是不全面的、不完整的，也是毫无意义的。

第二，过分报喜或过分低调。在年度总结中，很多人会有报喜不报忧的倾向，这种心理不难理解，大家肯定希望提及自己的功劳，体现价值，而对失误闭口不谈。其实这样并不好，因为自己发现失误并总结经验可以规避类似的问题。

第三，过分夸大功劳，成绩注水。年度全员总结大会是公司的一件大事，需要全体员工参与。部分人会在年度总结里谎报数字或共享他人的工作成果，以体现出自己不错的工作成绩。这种事有违诚信，也违背实事求是的工作原则。

第四，临时抱佛脚，草草了事。通常年底工作繁忙，这时还要做年度总结，很多人难免应付了事，甚至复制粘贴。一份好的年度总结不是临阵磨枪、拍拍脑袋就能做成的，需要日常的积累和阶段性的总结，这也是工作态度、工作能力的体现。

（2）写好年度总结的 3 个关键思维

第一，受众思维。对内写年度总结，也许你是写给直属领导的，也许你是帮直属领导写总结材料给上一级领导看；对外写年度总结，也许是写给主管部门的，也许是写给外部专家的，也许是写给服务的客户的。这些场合对总结的要求区别很大。很多人写总结习惯复制粘贴，但是面对不同的汇报对象，汇报风格各有不同，复制粘贴会出现很多问题。虽然刚入职的新人不一定要写年度总结，但如果你会写，你就又多了一次让领导对你另眼相看的机会。如果你给不同的人写汇报材料，就要学会从他们的角度思考问题，即依据他们的需要高度提炼材料，只有这样，你的年度总结写作能力才能真正提高。

第二，年度总结的类型。如果是年终盘点，你可能需要多总结一年的得失，为明年做好规划；如果是年度项目总结，你可能需要预判风险，想一想万一风险来临，你如何寻求应对之策；如果是明年规划，你的目标想要实现，你需要哪些资源，这些资源在哪里可以获得。

第三，撰写年度总结的目的。年度总结对公司而言非常重要，它是全体员工奋斗一年的成果，是公司往年业绩的呈现。如果一份工作总结只是流水账，那就没有写的必要，毕竟领导知道你做的大部分的重要工作。明智的人不仅会总结工作内容，还会通过汇报的机会争取各种资源，工作总结是公司制度规章提供的你和上级领导沟通的一种重要方式。

（3）年度总结的结构

张长弓写了一篇 3000 字的年度总结，自以为很满意，通过邮件交给龙旭后，被龙旭退了回来。龙旭只回了一句话："附件内容虽然很饱满，但字太多又不能体现你的业绩，请换位思考如何让上级领导一分钟就看完你的年度总结，而且让他记住你。"张长弓饱受打击，深深地吸了一口气，平复了一下情绪，开始搜索一些可以参考的模板来对比。他终于明白了自己错在哪里：第一，领导没有那么多时间看3000 字的内容，领导只会用很短的时间浏览总结；第二，年度总结应该图文并茂，逻辑清晰地表达你在工作中发现的问题和解决思路。总之，要换位思考写年度总结，例如我为什么要做这次总结，希望领导听到什么或者看到什么内容，要解决什么问题等。

按照黄金三点论表达模型，年度总结由导言、主体和结尾 3 个部分组成。

第一部分：导言。

年度总结的导言部分一般包括两个方面的内容：一是任职介绍，说明自己的任职时间、担任的职务和主要职责，简要交代职责的内容和范围；二是任职评价，简要介绍任职以来的工作情况，这部分内容力求简洁明了，例如"自 2021 年 12 月加入公司担任工程师以来，在公司领导及各位同事的关心与支持下，我以服从领导、团结同事、认真学习、扎实工作为准则，始终坚持高标准、严要求，较好地完成自己的本职工作。通过一年多时间的学习与工作，本人在工作模式上有了新的突破，在工作方法上有了较大的改变。2022 年 12 月获得'优秀员工'称号，受到公司的表彰。"

第二部分：主体。

这是年度总结的核心部分，主要陈述履行职务的情况，包括以下4个方面的内容。

第一，任职期间目标达成的具体情况及经过。其中包括具体的业绩指标、项目指标达成状况及其过程，也包括在执行任务的过程中主动承担责任、解决困难的方法，以及对新人的指导和培养等有关描述。这一部分最好采用分项罗列的形式，即在每项成果或成绩事项的后面，简要地讲述成果取得的"风雨历程"，让领导认可你的成绩来之不易。

思考

1. 你参与了哪些核心业务？
2. 你完成了哪些工作？
3. 你组织了多少场活动？
4. 你取得了怎样的业绩？

第二，工作中存在的问题及改进办法。一份好的年度总结不能只是工作业绩的罗列，也就是说不能只说成绩而回避缺点。在年度总结中，一定要先扬后抑，即在"炫耀"业绩的同时，也要说明存在的问题，例如测试数据分析问题、人员紧缺问题甚至还有以前的遗留问题等，只有在年度总结中客观地列出一些问题点，才能让有关部门及领导了解你敏锐的洞察力，以及一些目标没有更好达成的原因，从而引起上级领导的重视，获得公司的支持，促使公司拿出更好的解决方案，使目标向着既定的方向发展。在把问题找出来后，还要把解决方案向领导"汇报"，因为任何一个领导都不想只看到存在哪些问题，还要看问题的改进和解决办法。

思考

1. 你在工作或项目中遇到了什么问题？
2. 你是通过什么方式解决的？
3. 最后的结果怎样？
4. 你还有哪些方面需要支持？

第三，工作经验的总结与提炼。要通过总结的方式，对以往的成功经验进行定性、定格与沉淀，例如5G网络优化策略、网络优化经验、优化案例等，包括对以上内容在实践过程中的心得体会，让领导知道你是一个善于总结与提升的人，也便于领导从中获得启发，发现你的更多优点与闪光点，推广你的成功经验。

思考

1. 你的收获有哪些？

2. 你得出了什么结论?

第四,下一步工作的设想与规划。在报告成绩、讲述过程、总结心得后,年度总结基本上就告一段落了,下一部分的内容主要用于描述未来工作的计划或未来工作的努力方向、目标或打算等。在工作规划中,所列出的操作方案及支持事项(即工作设想)一定要切实可行,一定要迎合公司的发展方向与形势。

思考

1. 未来一段时间的工作思路。

2. 未来一段时间的工作目标。

3. 达成目标的计划和方案(包括为达到公司目标所设置的个人职业规划)。

4. 需要请公司或领导支持的工作。

第三部分:结尾。

写年度总结要有头有尾,结尾一般采用谦逊式结尾、总结归纳式结尾、表决心式结尾等,还可以将公司文化标语、价值观、总目标、公司使命等写入年度总结。例如,"新的一年意味着新的起点、新的机遇、新的挑战,作为公司的一员,我将秉承'聚焦客户关注的挑战和压力,提供有竞争力的通信解决方案和服务,持续为客户创造最大价值'的使命,成就客户,造就自己。"

总之,一份好的年度总结一定要图文并茂,具有较强的可读性。同时,还要将设想与实际相结合,使数据与事实相映衬,以此增强年度总结的可信度与说服力。

花了一天时间,张长弓终于写了一份优秀的年度总结,这次龙旭回复了两个字"很好"。因为日常表现出良好的职业素养和专业能力,张长弓不负众望,年底被公司评为"优秀员工",龙旭也给他的绩效评了好评,其工资级别得到了两级提升。

思考练习

1. 你是哪种性格类型?

2. 怎样看待越级汇报?

3. 上级领导不喜欢你,怎么办?

4. 试着用一分钟做一下汇报。

拓展训练

根据表 7-1,写一份期末总结。

表 7-1 期末总结

结构	公司个人年度总结建议	你的期末总结
导言	概括性总结，引入	
主体	• 参与了哪些核心业务 • 完成了哪些工作 • 组织了多少场活动 • 取得了怎样的业绩	
	• 遇到了什么问题 • 通过什么方式解决 • 最后的结果怎样 • 还有哪些方面需要支持	
	• 收获有哪些 • 得出什么结论	
	• 未来一段时间的工作思路 • 未来一段时间的工作目标 • 达成目标的计划和方案 • 需要请公司或领导支持的工作	
结尾	总结归纳，表达决心、展望	

项目总结

　　努力工作、获得成功是职场人的普遍想法。但是，埋头苦干并不意味着能在职场中获得成功。很多职场新人害怕向上级领导汇报，其实汇报工作才能表现出对领导的尊重。因为向上级领导汇报工作可以提高自己的职场"能见度"，所以要从开口说话、请示/汇报工作开始。要先有汇报的意识，同时学习汇报的技巧，从而助力业务能力的提升。

笔记：

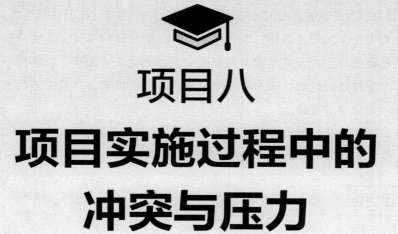

项目八

项目实施过程中的
冲突与压力

项目简介

在项目中标后的实施过程中，通信工程师张长弓和刘定安遇到了一些问题。因此，两位来到××运营商拜访，与××运营商商讨解决方案。张长弓和刘定安坐在沙发上，对面坐的是××运营商工程项目部王工程师。他们这次来是带着解决方案与王工程师沟通的，但是在整个沟通过程中，刘定安总是打断张长弓的谈话，因此谈话过程并不是很顺利，张长弓感到很愤怒，但是在客户面前他还是强压了怒火……事后，张长弓做了很多心理斗争：

"下次刘定安如果还是这样，客户可能会对我们的评价不好，影响评估。"

"如果还是这样，我会直接冲刘定安发火，他太让我丢面子了，哼！"

"如果没有控制好情绪，反而会使冲突恶化、关系破裂，这样更不利于合作了。"

张长弓边走边自言自语。

经过一番思想斗争，张长弓还是决定解决这个问题。要解决这个问题就要面对面沟通，于是，张长弓约了刘定安到公司附近的咖啡厅见面……

1. 了解冲突的 4 个阶段，熟练掌握 FOFSCA 处理方法。
2. 认识压力并掌握压力调节的方法。

项目实施过程中的冲突与压力
- 冲突的4个阶段
  - 第一个阶段："否定"阶段
  - 第二个阶段："指责"阶段
  - 第三个阶段："参与"阶段
  - 第四个阶段："重建"阶段
- 冲突的FOFSCA处理方法
  - FOFSCA五阶段法
  - 处理冲突时的注意事项
- 管理压力
  - 压力的真相
  - 通过求助外援缓解压力
  - 动静结合调节压力
  - 用自我对话应对压力

头脑风暴

根据"项目简介"中的案例，思考张长弓的哪种反应更有建设性。

1. 张长弓没有马上去找刘定安，而是过了两天才和刘定安讨论这件事。

2. 张长弓一上来就批评刘定安缺乏团队精神。

3. 张长弓无法理解刘定安的行为，这是不可原谅的，张长弓不想与刘定安这种人谈话。

4. 张长弓告诉刘定安自己有多失望。

5. 张长弓建议两个人一起找出双方都能接受的解决方法。

6. 张长弓提醒刘定安这不是第一次了，然后他开始列举一系列对刘定安的不满之处。

总结： 你从中得到了什么启发？

任务一　冲突的 4 个阶段

张长弓和刘定安的例子告诉我们，在面对冲突时，有些反应更有建设性意义，不同的反应对应了不同的冲突阶段。解决争议的过程可以分为以下 4 个不同的阶段。

第一个阶段："否定"阶段。

当没有冲突或者有很小的冲突时，一些人往往倾向于忽略这个问题而不会想办法去解决。

第二个阶段："指责"阶段。

指责的作用是连接"否定"阶段和第二个阶段，即"解决问题的阶段"。在指责他人时，承认与对方存在冲突，让对方参与进来，并让对方对争议负责。

第三个阶段："参与"阶段。

解决争议要从"参与"开始，双方会在这个阶段说出确切的事实，表现得更加成熟，承认引发争议的事实，并如实表达自己的感受和情绪。

第四个阶段："重建"阶段。

最后一个阶段是"重建"，这是重建良好关系的机会。首先要解决问题，然后才能采取措施避免这种情况再次发生。

针对不同阶段的冲突，处理方式建议如下。

☆微妙关系——有效沟通弥合裂缝。

☆危机酝酿——积极寻找共赢机会。

☆正面冲突——借助第三方平息对抗。

☆关系破裂——重建利益格局。

冲突的 FOFSCA 处理方法

"刘定安，坐。"张长弓提前到达咖啡厅等刘定安，刘定安按时赴约。

"今天约你，是想与你谈一件事，我觉得这件事对我很重要。"

"噢，你说。"

"我发现在见客户时，你经常打断我说话。上次在会见 ×× 运营商时，我刚要开始说我们的经验，你就打断了我，然后开始滔滔不绝。"

"对，我想起来了。那是因为我觉得你忽略了很多细节，我只是想帮你做点补充。"

"我承认自己有些生气，因为一方面我觉得自己被贬低了，另一方面我担心这种表现会给客户留下不好的印象，我建议我们以后不要打断对方的话，这样我们就能互相合作，支持对方的观点，你认为呢？"

"好的。"

"谢谢，我很高兴我们能够互相理解。"

后面，两个人越聊越开心，彼此的信任关系又加深了，下午茶后，两人边走边聊，气氛十分融洽。

我们看到张长弓得到了刘定安的承诺，他们保证会相互支持对方的观点，不打断对方说话，相互合作。张长弓的做法分为 5 个阶段。我们来看看他具体是怎么做的，再回到张长弓处理的方法上。

首先，他通过描述事实说明了情况。

其次，他表达了自己对这件事情的感受和观点，但并没有让人感到盛气凌人。他用了"我"作为开头。

接下来，他提出了建设性解决方案，就是不要打断对方的谈话，要相互支持、相互合作。

然后，他用提问的方式巧妙地提出要求。

最后，他清楚地表示自己对双方达成共识很满意。

一、FOFSCA 五阶段法

我们来总结一下 FOFSCA 五阶段法。

第一个阶段：F（Fact）。 借助准确的事实说明情况。在处理问题的时候一定要有对事不对人的职场心态和素养，否则我们很难处理职场中的人际关系。

第二个阶段：OF（Opinion Feelings）。 坚决地表达观点和感受，但不要盛气凌人。要尽量说"我"，不要说"我们"。假设使用"你为什么要打断我呢""你不觉得这样不尊重别人吗"等质问的方式对话，会让谈话无法进行，甚至会使冲突再次发生。因此一定要用"我"作为开头。

第三个阶段：S（Solution）。提出或寻找建设性解决方案。在商谈前，建议把解决方案找出来，用SWOT分析法分析利弊，带着思路有目的地解决问题，这样会事半功倍。

第四个阶段：C（Commitment）。要表达你愿意为提出的解决方案做出承诺，也要让对方做出承诺。

第五个阶段：A（Alliance）。要表达为双方达成的共识感到满意。

我们经常会忽略第四个、第五个阶段，只是滔滔不绝地表达自己的观点和解决方案，不会让对方做出承诺，不会因为达成共识而高兴。其实，让对方做出承诺，可以避免再次发生类似的事情。第五个阶段表达高兴，会让对话转移到下一个话题，同时，双方的情绪也会更放松。概括来说，说明事实，表达你的观点和感受，提出解决方案，做出承诺，达成共识。这就是FOFSCA五阶段法，这5个阶段相辅相成、缺一不可。

事后，张长弓和龙旭聊起这件事，龙旭说："这个办法好，每次开项目会小强总是迟到，我也用这个方法与他沟通，看看有没有效果。"

请你用FOFSCA五阶段法模拟龙旭和小强的对话。

二、处理冲突时的注意事项

第一，处理冲突时要注意情绪。当发生冲突时，一定要控制好情绪，不要着急。可以等两个人的情绪稳定一些后，再坐下来处理。情绪激动时，不要做决定。

第二，处理冲突时要注意原则。一定要对事不对人，用事实说话，表达观点时不要盛气凌人。

第三，处理冲突最好面对面解决。文字不能完全体现感情，很容易让人误会。如果不能直接看到对方的面部表情和肢体语言，很难找到处理问题的正确途径。面对面解决问题可以借助前面章节的"望闻问切"方法灵活处理。

第四，要善于应用方法。要相信方法总比问题多，只有提高解决问题的能力，才能在职场中运筹帷幄。

 **管理压力**

因业务拓展需要，公司在年初招进了一批实习生，凑巧的是张长弓的学弟、学妹也

来了。他的学妹叫陈凯丽，负责解决用户投诉工作；学弟叫邵海棠，负责网络优化工作。学弟工作状态还好，学妹手忙脚乱的，经常出错，陈凯丽自己也感到很有压力，还好她认识学长张长弓。

带陈凯丽的师傅在两周前提出了离职，陈凯丽要在两周内掌握操作流程，师傅教陈凯丽时，陈凯丽都会做好笔记，听不懂的做标记，然后再问。陈凯丽负责投诉后台的支撑工作，主要对客服当天派到后台的单子做好信息登记，然后派发给技术人员，技术人员到现场测试，反馈测试结果，待他们反馈后，陈凯丽的职责就是检查他们填写的内容是否正确，对错误进行修改，确定无误后再上传到系统。

这份工作非常注重细节，每份报告都要核对它的单号、联系方式、地址等。缺个符号、少个空格、表格格式不对都会直接导致上传系统异常、文件上传受阻。一次，用户投诉的是5G信号不好的问题，测试人员却只测试了3G/4G的信号，却没有测试5G信号，最后陈凯丽传送报告的时候也没有仔细核对就直接上传了报告，导致省公司批评了领导，最后大家都受到了批评。

陈凯丽第一次因为工作被批评，心里很委屈，差点就在会议现场哭了，想起学长张长弓是公司里被人称赞的好员工，自己在学校里就以他为榜样，于是来找他求助。

思考

陈凯丽的压力来自哪里？

一、压力的真相

听到"压力"这个词，初入职场的你可能立即想到的是一些重大考验，例如工资够不够花、难以胜任工作、工作任务特别重、做错事被批评、老板特别强势、与同事的人际关系处理不好、入职后的各种考核等。在案例中，当张长弓的表达被刘定安打断、谈话不是很顺利时，张长弓除了愤怒，还担心这样的事情会给对方留下不好的印象。在找刘定安谈话之前，张长弓很担心和刘定安谈话失败，以后相互配合就会出现问题，再加上项目任务紧，他恨不得马上解决这个问题，所以有时候会睡不着。而陈凯丽是因为不够细心，做错事，心里有挫败感和愧疚感，所以有压力。在很多人看来，压力意味着情况糟糕，是件坏事；也有人认为压力就是动力，反倒对自己的发展有利。麻省理工学院心理健康与心理咨询中心临床心理学家奚小鹿总结了以下观点和方法，我们结合陈凯丽的事例来看看心理学家是如何理解压力和处理压力的。

（一）压力是对外界环境的反应

压力其实无处不在，压力与焦虑感在人类进化中起着重要的作用。压力反应的生理过程大致是这样的：有的时候是出现一个压力点、一个压力事件，例如一次挫折、一次失败；有的时候却是一个很重大的任务或机会，例如毕业找工作、获得一个高薪工作机会、一次重要的升职、一次重要的选择、一个你从未遇到过的错误等。遇到这样的状况，人的压力感一旦被激活，大脑皮层里的杏仁核（杏仁体）——主导人类大脑主观情感、生存本能、记忆等重要功能的一个区域，就会分泌压力荷尔蒙，也就是人类的肾上腺所分泌的皮质醇。皮质醇会起到升高血压、升高血糖和抑制免疫的作用，然后你的身体就开始出现失眠、食欲不振、精力无法集中、身体某些部位疼痛、脾气暴躁等状况，更有甚者会患上高血压、糖尿病等疾病。

（二）管好压力，激发动力

人的压力越小，动力也就越小。也就是说，如果工作非常简单，没有什么挑战性，也没有什么成果的话，我们常常会表现出没有兴趣、没有动力、没有作为的状态。在就业跟踪时，我们经常听到一些同学和我们说工作很简单，入职一周就一直在打工单、做表格，学不到什么东西。经过沟通，我们给他们布置班后作业，引导他们认识这些作业背后深刻的含义，即学会把简单的工作做到卓越，提高了他们的积极性。后来，领导安排更有挑战性的工作，压力增加，他们的动力也加大了。压力越大，积极性和业绩就越高。当然，这个压力不是无限的，心理学家发现，压力和工作表现的关系呈倒 U 形。在这条曲线的顶部，压力与动力的比例达到最佳点。压力与工作表现的关系的倒 U 形曲线如图 8-1 所示。

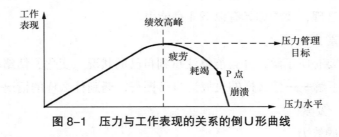

图 8-1　压力与工作表现的关系的倒 U 形曲线

达到最佳点之后，压力越大，动力与工作表现就会越差。这时，压力对动力与工作表现的作用就成负面的了。

（三）4 种能力，帮你有效管理压力

"学长好，可能你已经知道我之前犯的错误了。"陈凯丽眼里含着愧疚的泪水说到。

"哦，是听说了。我想听听你的想法。"张长弓开始用龙旭教他的教练技术引导陈凯丽。

"这件事，是我做错了，还害大家受批评，我很难过。我不知道大家以后会怎么看我，我担心我保不住这份工作了！"

"担心一定会有的，我也替你难过。如果是我，我更想听听你以后会怎样改进？"

"我以后在上传报告时多检查一遍，核对日常汇总必须检查的几个项目，以免出错，不给公司带来麻烦，也不给自己添麻烦。"

"看来你是有解决方案了。那你现在心情如何？"

"说出来，好些了。就怕刘工以后会对我有意见。"

"你自己找刘工沟通过吗？"

"还没有。"

"你打算怎么做？"

"我想去找他谈一谈，其实我很想留在这里，我喜欢这里的工作，我想得到他的支持和原谅。"

"真的吗？那你打算什么时候去找他？"

"真的，明天下午。明天他刚好有空，客户也不在。"

"祝你好运，希望你沟通顺利。晚上也好好休息一下。"

"谢谢学长，我会努力，也不能给我们学校丢脸。"

陈凯丽下班后，回到宿舍，换上了一双运动鞋。她曾经看到一档节目中说过运动可以缓解压力，她绕着湖边跑了起来，跑着跑着，陈凯丽看到不远处有一个背影，一位老人在翻垃圾桶，提着一个未装满的破旧不堪的编织袋，陈凯丽想起手上的矿泉水瓶还剩一口水，赶紧喝完，走过去把矿泉水瓶给了那位老人。老人对着陈凯丽微笑，这一笑化解了她的焦虑，陈凯丽想生活中能有什么过不去的坎呢？

有效的压力管理，要求你具有以下4种能力。

1. 自我观察能力

自己对自己要有所了解，并且能够注意到自己的状况、变化、情绪和工作情况，对自己要有基本的了解——什么样的挑战让自己振奋，遇到什么样的情况会无法应对，这是压力管理的第一要素。

2. 解决问题的能力

不管是刚毕业的学生还是工作几年的职场人，无论你的能力和抱负是大是小，都必须动手做事。如果眼高手低，或者不能沉下心来脚踏实地地学习工作技能，那么你今后会不可避免地遇到压力。如果陈凯丽在遇到困难后就直接"逃跑"到下一家公司，她将依然没有获得解决这个问题的能力（这里指的是解决压力的能力），当类似的事情发生时，她依然会选择逃避。

3. 向外求助的能力

压力过大，知道如何表达，并且知道该怎样寻求帮助与支持，是压力管理中极其重要的一环。很多时候，不管是出于自尊，还是受自信心影响，很多人不愿意求助，从而使情况恶化。你要知道在压力之下如何沟通、交流，就像你平时汇报成绩、争取项目，这同样是个技术活。

4. 转移注意和平衡生活的能力

在生活之外有工作，在工作之外有生活，二者缺一不可。交友、运动、旅游与烹饪，无论爱好是什么，能够平衡生活是管理压力很重要的部分。大学生活除了设置能力目标，还要设置兴趣、爱好目标，能管理好生活的人，也能管理好工作。

二、通过求助外援缓解压力

除了通过个人内在的努力来实现压力的自我管理，还可以通过求助外援的方式缓解压力。故事中的陈凯丽就是这样的。不过还有很多面对压力害怕求助外援的人，大家把压力当成个人隐私，很难向外求助。面对这个问题，我们应该有清醒的意识和反省。心理学家建议，当遇到困难和压力时，除了自我调节，还可以求助外援。

（一）有效求助外援的 5 个要点

你能动用的外部资源不只有心理医生，处于压力状态下，求助外援是个技术活。求助外援求什么？怎么求？心理学家总结了以下方法和注意要点。

第一，很多时候，最重要的是那种"我不是孤家寡人"的感觉。公司、学校，这个城市里，这个世界上，有我的朋友，有在意我的人，有爱护我的人，有我可以求助而且会帮助我的人。我们所爱的人也应该是可以向他求助的人。

第二，求助外援不等于全盘将问题交给别人。求助外援是求朋友、亲人、老师、领导、同事体谅自己目前的难处，能说几句安慰、鼓励、支持的话，或给予一些支持和帮助。即便什么都不能帮，工作任务适当延期也是好的，但求助外援不是全盘让别人帮你解决，不要有"我很迷茫，你告诉我怎么做"的想法。

第三，求助外援可以不诉说，也不求人倾听。求助外援不一定要向对方诉苦，一个很简单的且完全不需要具体提到你目前困境的做法是约下午茶、约咖啡、约户外运动，或者约一起看球赛、看电影。很多时候，你什么都没说，花几十分钟或一两个小时和朋友在一起，自己的压力就会减轻很多。

第四，求助外援还可以求技术指导。当领导安排你做未曾做过的工作，或者当你遇到新问题时，你可以向在某个方面比较有经验、比较会处理的朋友或同事寻求一些技术层面的支持。

第五，求"通情与同情"。当然，这样的求助对象一般是你非常亲密的好朋友或非常信任的人。

（二）帮助别人，提升自信

帮助别人对一个人消除沮丧情绪、提升自信心是非常有帮助的。把一份快乐分享出去就有双倍的快乐，哪怕是给素不相识的路人一个很小的帮助，也能帮你改善心情。分享自己的幸福，本身就是一个增进幸福感的因素。

三、动静结合调节压力

现代神经科学的研究告诉我们，运动促进大脑分泌"内啡肽"，这是一种镇静、止痛的氨基酸，它能调节体温、心血管功能和呼吸。"内啡肽"也常常被称作"快乐因子"，是一种促进"幸福感"的氨基酸。运动也被现代科学称为"动态的冥想、静坐"，运动期间，人们会忘掉焦虑、不愉快、紧张的事情，之后可以信心十足的工作，甚至可以把压力和不愉快带走。

"静"也可以缓解压力，例如"琴棋书画"可以作为转移大脑"兴奋灶"的一种积极的休息方式，有效地调节并改善大脑的兴奋与抑制过程，进而消除疲劳。

关于调节压力的建议，有以下7个行动方案。

☆打开计步设备，累积步数，提高成就感。

☆多走路，少坐车。

☆多走楼梯，少坐电梯。

☆能站起来做的事情就不要坐着做。

☆能就远，不就近。

☆日常生活多动手，用成果获得缓压奖励。

☆看书、睡觉也能缓解压力。

四、用自我对话应对压力

其实，张长弓在引导陈凯丽时，自己也回想起5岁时发生的那件事。5岁时，他和爸爸妈妈去商店，自己挑中了一盒糖果，好不容易说服爸爸买下来，买完后高兴得又蹦又跳，结果不小心撒了一半的糖果，爸爸不停地责备，张长弓不敢哭，也很自责："我怎么这么没用，一盒糖果都拿不好。"从此，自己做什么事都害怕做不好，很长一段时间都不敢参加班级比赛，小时候练琴一旦弹错，就会想到那些糖在"嘲笑"他。还好，初中的时候，张长弓曾看过一部动画片，其中有句台词就是"捣蛋鬼别捣蛋"，主人公念完后就把讨厌的捣蛋鬼赶走了。这看起来很幼稚，但张长弓还是尝试了一段时间，每当不自信的时候便在心中默念"捣蛋鬼别捣蛋……"，之后加上自己的工作得到了认可，慢慢地，他就把这个讨厌的心理阴影驱除了。

（一）引发压力的5种非理性思维

由非理性思维造成的紧张和过激反应是常见的内在压力源，有以下5种。

1. 过度完美型

有的人过度追求完美，一点点小事都可以对自己产生很大的负面影响，因为他们不能容忍一点失误，反而容易全盘放弃。

2. 过度自责型

无论发生什么事，他人有什么样的批评，都认为是在责备自己，完全不考虑环境因

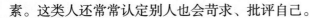

素。这类人还常常认定别人也会苛求、批评自己。

3. 逃避型

与过度自责恰恰相反，这类人不是把责任都揽到自己身上，而是逃避责任。这类人认为事情不顺都是环境因素、他人原因。这种思维造成的结果就是这类人会产生逃避性行为，既焦虑紧张，又觉得自己无能为力，于是选择拖延逃避。

4. 灾难型

拥有这种思维模式的人很少会往正面的、积极的方面去想。任何风吹草动都会令这类人紧张，凡事总是最先关注负面的东西。

5. 幻想型

幻想型思维对环境的要求非常幼稚、天真，这类人常常会抱怨："我想创业，为什么没有人向我投资？""我要是名校毕业的就好了！""我父母要是有关系就好了"。

以上 5 种非理性思维常常会带来消极、悲观的情绪，给自己带来不能负担的心理压力，例如"你真笨""怎么这么没有用""你永远升不上去的""你这个样子怎么会有人和你做朋友"。

一个人的非理性思维不是凭空而来的，它与一个人的家庭背景、亲子关系、社会环境、文化传统等有着密切的关系。但它的来龙去脉不是我们讨论的重点，我们要讨论的是如何辨别、认识、捕捉这些非理性思维，如何应对它们，从而有效地帮助我们缓解压力和焦虑。

（二）实现自我对话的 4 个步骤

注意和捕捉到这些非理性思维和消极悲观的情绪后，接下来，你就可以运用自我对话这种方法应对压力。

第一步：给内心的批评家取个名字，例如"捣蛋鬼"。 在捕捉和注意到这个"捣蛋鬼"，或者这个"反复在担忧、唠叨的声音"后，要设法把这个声音与自己剥离开。心理学家建议，给这个"成事不足、败事有余"的批评家或这个"帮倒忙"的声音取一个名字，在思维、情感上推开它，在心理上与它"划清界限"。这听起来或许很幼稚，但认知科学表明这可以帮助你划分出一个界限，表明你与这个声音的对立关系，对于对抗它是很有帮助的。

第二步：对抗这个有名字的"专业批评家"。"自我对话"主要在于"对"，有了"对答""答辩""辩论"，才会有"推翻"与"颠覆"。在注意到自己不请自来的焦虑、评判之后，要学会质疑，"会吗？""真的吗？""不会吧？"这都是自我训练的一部分。

第三步：自我修正。 学会了捕捉自己的反派独白并和它争辩之后，下一步就是修正。把这种动不动就是"不会有人喜欢我""我永远成功不了"的说法替换成"这个活干得不漂亮，但也不是真的没办法做得更好些""下次要早点开始""与自己性格不合的人怎么打交道比较好"。

第四步：跳出来，看自己。想象一下，如果这些负面评价是别人责备他们自己的，你会如何回答？你会如何反应、反驳、说服、纠正、鼓励他们？你怎样鼓励别人，就可以怎样鼓励、支持你自己。自己对于压力管理如果不能化敌为友，即便是化敌为非敌非友，也是有帮助的。

思考练习

1. 你与别人发生了冲突，现在需要你向他道歉，你该如何做？
2. 请你想想，自己有没有遇到压力反而激发自己工作动力的例子？
3. 想一想你动手做什么事情时，能让你觉得很愉快，可以当作你的解压方法？
4. 你内心的"批评家"常常是怎样批评你的，你打算怎么反击"他"？
5. 如何和性格强势的人相处呢？

拓展训练

用 FOFSCA 五阶段法处理同学关系

你有位舍友，他不敢当面和你说他很难与你相处。其他同学把他的抱怨告诉了你，他们说他觉得你很讨厌，很自私。你对这种情况很不满意，你认为这样会影响同学关系、班级团结。你想要和他开诚布公地谈一谈，请用 FOFSCA 五阶段法处理这种情况。

请写出你将要表达的内容。
第一个阶段：F（Fact）＿＿＿＿＿＿＿＿＿＿＿＿＿＿＿＿＿
第二个阶段：OF（Opinion Feelings）＿＿＿＿＿＿＿＿＿＿＿
第三个阶段：S（Solution）＿＿＿＿＿＿＿＿＿＿＿＿＿＿＿
第四个阶段：C（Commitment）＿＿＿＿＿＿＿＿＿＿＿＿＿
第五个阶段：A（Alliance）＿＿＿＿＿＿＿＿＿＿＿＿＿＿

项目总结

冲突和压力并非坏事，它在一个人生命的各个阶段都会存在。想要管理压力，就要认识自己、关注自己、积极行动、求助外援，以及在压力高峰期间尽量多活动、多动手，用兴趣爱好转移注意力，平衡压力。

笔记：

项目九
项目管理思维

项目简介

张长弓坐在新项目的办公室里，回想着当年龙旭与他面谈的情况，要不是龙旭，估计他现在还是一名普通的工程师。

刚进入CCA信息公司实习时，同事们都评价张长弓是一个靠谱的人。领导也很满意，大家都说公司运气好，招到了一位勤快的好员工。张长弓拿到毕业证书后，公司立即和他签署了劳动合同，在大幅缩短试用期的同时申请了转正工资和福利。项目经理龙旭在和张长弓一对一的转正面谈中，向张长弓反馈：

"小张，首先恭喜你转正了。从实习期、试用期到现在都表现得很不错，说说你自己的感受吧！"

"谢谢龙经理，有公司这么好的平台，又有您这样愿意带我的领导，我也为自己感到高兴。"

"那接下来打算如何开展工作呢？"

"做好本职工作，保持良好的心态，尽快熟悉各项业务流程。"

"嗯。你知道现在手头的集采项目，对公司和你个人有什么意义吗？"

张长弓沉默了，他从来没有想过这个问题，红着脸磕磕巴巴地说："我只知道它对公司来说很重要，我要把它做好。"

"嗯，也没有错。这样吧，你花一点儿时间，先了解一下集采项目。也带着这个问题先开展你的工作。一个月以后，你再来找我。"

……

2017年年底，××运营商频频向通信行业发动"大标攻势"。此次集采，号称三大运营商史上最大的集中采购项目之一。因此，在投标报价整体下降以及集团集采的大背景下，考验的是企业的综合实力、业绩与价格策略，在大浪淘沙的行业竞争中，众多中小企业纷纷出局。对在本轮大项目中站稳脚的企业而言，守住的区域如何进一步巩固优势，新攻下的区域如何凸显优势，也是企业需要考虑的问题。

除了能在艰难的大环境中拿下标段，项目实施也是让一家企业守住饭碗的重要环节，企业派驻的工程师水平、服务态度、项目进度、资源管理等都是影响项目成败的因素，特别是人力资源。

张长弓就是这个项目实施过程中的重要人员之一，他在这个项目实施过程中付出最多，但得到的成长也最多。不到两年，张长弓成长为一名杰出的项目经理，之后公司拓展江西业务，特派张长弓为江西项目分公司业务经理，去江西独当一面。回想这些年，张长弓在项目管理经验上积累颇丰。作为一名管理人员，项目管理能力是非常重要的，而项目管理思维是从刚入职时就开始培养的。

我们来总结一下，张长弓在工作和生活中进行项目管理的思维是什么样的，我们为什么要有这样的敏感度，以及它对我们未来的成长有什么帮助。

项目目标

1. 认识执行者在项目管理组织架构中的角色并了解常见的冲突问题。
2. 理解成长型人才的时间管理思维。
3. 理解成长型人才的资源管理思维和资源整合能力。

知识图谱

项目管理思维
- 通信行业常见的项目管理的组织架构
  - 什么是项目管理及执行者角色
  - 项目中的组织架构和常见问题
- 项目实施过程中的时间管理意识
  - 项目时间管理理论
  - 成长型人才的项目时间管理思维
- 项目实施过程中的资源管理意识
  - 什么是项目资源管理
  - 项目资源管理的内容及成长思维
  - 资源整合能力
- 项目复盘的能力

项目活动

达·芬奇密码

1. 活动目标

① 找好的方法，认识 PDCA［又称戴明环，Plan（计划）、Do（执行）、Check（检查）和 Action（处理）］。

② 培养领导力、项目管理能力。

③ 培养项目沟通能力。

④ 提高项目实施过程中的执行力。

2. 活动的介绍和规则

① 活动进行中要求所有人处于"盲哑"状态。

② 每个人将会得到一个数字，只有自己知道是哪个数字，并且在项目开始之前不允许将数字告诉团队的其他成员。

③ 科目要求所有人必须在规定的时间内将一组数字按照从大到小或从小到大的顺序排列。

④ 最后要用一种方式告诉教练排列完毕。

⑤ 如果有人违规，就要全体做体能训练。

3. 需要的道具

① 器械要求：蒙眼布、数字条。

② 场地要求：宽阔的空地，地势平坦，周围没有较高的障碍物。

③ 助教要求：若干（可以从学生中挑选）。

总结： 你从这个活动中得到什么启发？

我们在做就业跟踪时，经常会询问学生目前所承担的工作内容有哪些，具体有什么意义。但是很遗憾，几乎没有学生能回答出来。这也是我们比较担心的，担心同学们只关注手头的工作任务。假设你都不知道这份工作有何意义，你做得再好，也只是把它当工作任务完成而已，并没有深入学习具体的知识和领略技术的变化。我们建议同学们要带着问题去做手头的工作，不仅要关注任务本身，还要学会做一个高效能的人才。

你做过的这些项目将记录到你的简历里，成为你职业生涯的里程碑。在你的职业生涯中，做一些有较大影响力的项目，那它就是你未来升值的"潜力股"。这也是本章故事开头中龙旭给张长弓留的作业。

本章将带大家了解项目管理的基本知识，以及职场新人在项目中可以学到什么，有更远大目标的同学可以根据内容适当地储备管理知识和经验，且本章内容有别于专业课程中的项目管理内容。

·任务一· 通信行业常见的项目管理的组织架构

张长弓在实习初期觉得自己就是个"兵"，做完工作就可以下班，做不完工作就必须加班，少说话多做事，并没有感觉到自己是项目中的重要角色。后来，张长弓听说如果这次项目的满意度分数被扣罚，可能会影响接下来的评标。张长弓突然有了危机意识，自己是项目中的一员，是项目的窗口，虽然是实习生，但也要保证项目按目标完成，确保项目的成功。

一、什么是项目管理及执行者角色

项目是指在规定的时间内必须完成的有明确目标的一系列相关工作。项目管理是指在技术、费用、时间等约束条件下，对资源（人、物、料等）进行计划、协调和控制。

项目管理的成功在很大程度上依赖于对关键资源的精心控制，最主要的资源往往是劳动者的时间。当然，项目中的人力资源费用也是整个项目中最大的费用，但人（例如，项目经理、工程师等）依然是影响项目成功最重要的因素，其中项目经理对项目起到了推动作用。实际上，所有的项目都是团队工作，领导一个项目就是领导一个团队。在项目中，你是团队中的重要成员之一。即便你不是专职的项目经理，只要在工作中需要协调多种角色和资源去完成某个目标，你就是在做项目管理工作。因此，即使是一位实习生或工程师，也必须了解要执行的这个项目的来源和需求，确保项目成功。

二、项目中的组织架构和常见问题

项目的组织架构一般分为线性组织架构、矩阵式组织架构和职能型项目组织架构，大型通信企业常用的是矩阵式组织架构。当然，公司的组织架构会根据市场和企业的战略部署有所调整，但不是绝对的，这里说的仅是较为普遍的组织架构。

矩阵式组织架构的项目管理人员由企业有关职能部门派出并进行业务指导，受项目经理的直接领导，它最大程度地发挥了项目管理的作用。张长弓就是矩阵式组织架构中的一个角色。矩阵式组织架构如图9-1所示。

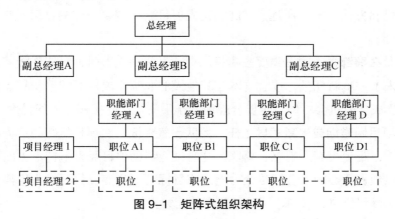

图9-1　矩阵式组织架构

矩阵式组织架构的优点。

☆加强了不同职能部门的交流。

☆项目经理对整个项目负责。

☆加强了横向联系，专业设备、人员等资源得到了充分利用，实现了人力资源的弹性共享，减少了资源的重复配制。

☆完成项目后，小组成员还有一个职能部门的"总部"。与纯项目形式对比，小组成员减少了完成项目后"无家可归"的后顾之忧。

☆具有较大的机动性，能促进各种专业人员互相帮助、互相激发。

☆遵循了上级组织的策略，加大了对项目的支持。

☆适用于大型组织系统。

矩阵式组织架构的缺点。

☆存在多重领导，有时不易分清责任，需要花费很多时间协调，从而降低人员的积极性。

☆成员位置不固定，有临时观念，有时责任心不够强。

我们对多年的就业服务跟踪情况进行分析后发现，在矩阵式组织架构中，当事人和执行者经常会出现以下现象。

第一，职能部门经理直接下命令，项目经理不知道。初入职场的新员工很多时候不清楚这层关系，经常是把事情做了，但项目经理不知道你额外做了这些工作。如果你经常完成职能部门经理交办的事情而不向项目经理汇报，也可能导致项目经理对你有意见。在这种情况下，建议你接到职能部门经理的任务安排时，可以适当地提醒："可不可以把这份邮件抄送给项目经理一下？"如果手头上有较重的任务，你可以说："我手头上还有项目经理安排的任务，必须在本周完成，那这件事是否可以安排在下周？"如果这件事紧急，职能部门经理一定还会找你的项目经理协商。如果你已经在做了，而职能部门经理迟迟没有找项目经理沟通此事，建议你直接向项目经理汇报。当然，汇报工作的时机和方式也要有所注意，例如完成项目后一定要向你的项目经理汇报或"抄送"相关邮件。

第二，什么事都做，哪里需要去哪里。当项目紧缺人手时，可能你接手的事情还没有完成就又来了一个新任务，或者这本是其他人的职责，项目经理希望你去做，你可以把这项工作当成学习机会，但一定要合理地安排手头工作并按照优先级排序。

第三，项目困难期或者新领导上任，团队士气降低。在项目执行的过程中，往往会遇到很多困难，难免会有人抱怨、离职，这时最能帮助项目经理坚持下去的可能只有责任心。具有强烈责任心的人会倾尽全力地达成目标而不言弃。你要成为值得信赖的人，这样的人才能得到公司、领导、团队和客户的全力支持。

·任务二· **项目实施过程中的时间管理意识**

这里不讲项目管理的技术层面的知识，仅从上层及执行层的角度告知大家一个时间管理意识和概念。每个项目都有一个周期，合理地安排项目时间是项目管理中的一项关键内容，目的是保证按时完成项目、合理分配资源。

一、项目时间管理理论

从企业管理层的角度来看，项目是一家企业的直接收益来源，而项目中的时间管理和人力资源管理是两个主要成本，要使企业绩效达到最高，企业一般计划用最高效的时间和最有价值的人力资源完成尽可能多的业务。在时间管理工作开始以前，应该先完成项目管理工作范围中的管理部分。如果只为了节省时间而把前期工作省略，那么后面的工作势必会走弯路，反而会耽误时间。项目首先要明确目标、可交付产品的范围和项目的工作分解结构。由于一些是必需的工作，而另一些工作具有隐蔽性，所以要基于经验，列出全部要完成项目所需的工作时间，同时要有专家审定过程，以此为基础制订可行的项目时间计划，进行合理的时间管理。从项目技术层面看时间管理，要了解几个时间管理方法的名词。

（一）关键路径法

关键路径法是时间管理中很实用的一种方法，其工作原理是为每个最小任务单位计算工期，定义最早开始日期和结束日期、最迟开始日期和结束日期，按照活动的关系形成网络逻辑图，找出最长的路径，即关键路径。

对简单项目来说，有两条路线：A–B–D 和 A–C–D。关键路径就是活动时间总和最长的一条路径，即 A–B–D 是关键路径，如果这条路径上的任务活动延期，整个项目都将延期，因此每个节点都相当重要。这里有一个需要注意的事项，如果一位项目经理接到任务，领导问他："这个项目需要多长时间完成？"如果你是项目经理，你会回答 4 小时还是 5 小时，或者 5 小时多一点儿？答案肯定是往最有利于完成项目的方面说，时间也是要经过周密的估算后得出的。两条路径如图 9-2 所示。

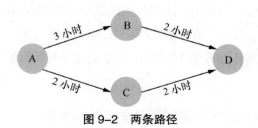

图 9-2　两条路径

（二）三点时间估计法的关键路径

三点时间估计法不仅要估计活动时间，而且要估计整个项目在规定的时间内完成的概率，这里要学习专业课中的项目概算、预算等公式。简而言之，估计的活动时间是所估计的最长时间、最短时间和最可能时间 3 个数的加权平均值，通过估计关键路径上的变量，从而得出在特定时间内完成项目的概率。

二、成长型人才的项目时间管理思维

以网络优化工作为例，从执行层的角度来看，他们的工作任务是前一天由项目组的组长（Team Leader，通信人称组长为 TL）委派的。此时，如果你的角色是测试工程师，你要开始安排次日的行程计划，例如去什么地点、走什么路线、和谁一起去、要带上什么工具、除了工具还要带上什么、几点出发、几点返回、路程多长、跟施工队还是自己搭车、明天天气怎样、确认手机和计算机是否有电等，这些问题将影响你次日工作的完成效率。因此，刚进入社会的同学如何做好时间管理呢？

（一）养成好习惯，强调"第一时间"的观念

任何事情都需要占用时间，时间是最珍贵、最稀有的资源，因此，必须强化在"第一时间"内完成任务的观念。"第一时间"观念至少应包括 3 个方面的含义：一是严格遵守作息时间，在规定的时间内完成任务；二是充分利用时间，不占用、不浪费任何时间；三是有效地利用时间，学会统筹管理时间、提高工作效率。时间观念是一个意识上的问题，是体现工作责任心的一个方面，它不像上班打卡那样标准化和形式化，但它比打卡更管用，因为时间观念对员工来讲是内因，是根本。打卡只是外因，只是手段。

（二）建立时间日志

完整、准确地记录你的时间是怎样用掉的，这既是时间管理的开始，也是时间管理中一项重要的准备工作。虽然我们有时候很忙，但有心也能做到记录时间日志，这里说的不是时时刻刻记录时间，而是养成记录的习惯。通常可以根据需要选用适合个人特点的时间管理工具，可以有意识地在任务开始和结束时记录时间，也可以每半个小时自己手动记录一次时间的使用情况，每两周或一个月对记录情况进行一次分析。这样就会发现自己在时间使用上不合理的地方，从而找到改进时间管理的方法。记录时要注意 3 点：一是时间间隔不要太短，防止产生负面效应；二是不要在一个时间周期（例如一天）结束后再去填写，防止记录结果带有欺骗性；三是记录"时间日志"贵在坚持，不能"三天打鱼、两天晒网"。

（三）既要懂得做好工作，又要懂得做好个人规划

很多人工作很勤奋、积极向上，会认真完成交代的事情，领导认为他们靠谱，同事也很喜欢他们。但过了几年，你会发现这些人还在原地踏步。我采访过几位这样的职场人，他们普遍生活在别人的"表扬"里，并不清楚手头的工作对企业和个人发展的意义。这里我们要明白一个道理，踏踏实实做事的员工看似兢兢业业，但对企业来说，他们的价值远远比不过那些"已经做好准备"的人。这些"已经做好准备"的人清楚企业未来需要

什么样的人，清楚自己想成为什么样的人。

在平衡企业目标和个人目标关系中有如图9-3、图9-4、图9-5所示的3类员工：第一类员工只关注个人目标的实现，只在乎个人利益的得失，职场新人需要警惕这种心态，不然容易误入歧途；第二类员工全身心地投入企业的工作，每天忙碌于各种事务性工作，没时间，没机会，也没意识去思考个人目标和个人发展，这类员工需要注意当企业变革时，自己面临的很可能就是被淘汰；第三类员工追求个人目标和企业目标共赢，个人发展与企业未来相辅相成、相互依托，即你在企业能有所成就，企业也能因你有更好的发展，这才是企业需要的员工。

因此，职场人既要懂得做好工作，又要懂得做好个人规划，同时提升个人价值。建议下班以后，至少留出一定的时间来总结这一天的工作，或者进行有利于提升个人能力和状态的活动。

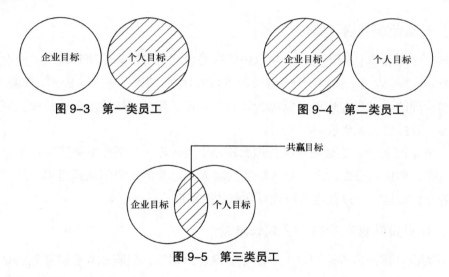

图9-3　第一类员工　　　　图9-4　第二类员工

图9-5　第三类员工

小故事

动物们要举行一场联谊会，领导秘书狐狸对驴说："你的嗓门高，来一曲独唱吧。"

驴说："我不去，我唱得很难听。"

狐狸说："那你尝试一下做主持人吧。"

驴说："我不去，我的形象不好。"

狐狸说："那你干什么？"

驴说："我只拉磨。"

狐狸说："好，你就去拉磨吧。"

老虎下山视察，看到其他动物都在玩，只有驴在拉磨。老虎赞不绝口："有这么勤奋的员工，是我们动物王国的幸事！"

　　秘书狐狸对老虎说："驴很勤奋没错，但是磨上已经没有东西了，他还在拉磨，这不是制造假象吗？"老虎一看，果真如此，不禁摇头叹息。

　　在年终总结大会上，驴又没被评上"劳模"。驴委屈地向秘书狐狸申诉："为什么我最勤劳、最辛苦，却年年评不上先进？"

　　狐狸笑着说："是啊，你拉磨的本领无人能及，可是我们已经改用机器拉磨了。"

　　阅读了以上哲理故事，你有哪些感悟？

·任务三· 项目实施过程中的资源管理意识

一、什么是项目资源管理

　　任何一个项目都会用到资源，项目中的资源管理是为了降低项目成本，而对项目所需的人力、材料、设备、技术、资金等资源进行的计划、组织、指挥、协调、控制等活动。项目资源管理的全过程包括项目资源的计划、配置、控制和处置。在项目中，有些资源是现成的，有些资源需要被临时调用。

　　在一般情况下，企业会用资源管理软件建立资源库，把需要的基本资源信息输入系统和资源库，然后再分配任务。初入职场的新人一定要清楚资源从哪里来，从哪里获得资源，需要什么流程，以及这些资源对你有什么帮助。

二、项目资源管理的内容及成长思维

　　以下资源管理的内容从理论上讲是专业课理论知识，但职业素养课强调的是，在执行项目中接触过的人、做过的事都是你的资源，是你在工作中学习的来源，是你成长的沃土。

（一）项目的人力资源管理

　　施工项目的人力资源管理就是对项目的人力资源开展的有效规划、积极开发、合理配置、准确评估、适当激励等方面的管理工作。无论是在项目中接触到的上下游企业，还是竞争对手，都要了解他们的工作分工和为人处世的风格：你的上级领导的主要工作是什么？他如何管理团队？这些人物关系如何相互配合达成共赢？发生冲突时他们是如何协调处理的？你不仅要开始经营你的关系，还要学会向身边的人学习。

（二）项目的材料管理

　　施工项目的材料管理就是对项目施工生产过程中所需的各种材料的计划、订购、运

输、储备、发放和使用所进行的一系列组织与管理工作。由于材料费用所占的比重较大，因此，加强材料管理是提高企业经济效益的主要途径之一。材料管理的关键环节在于材料管理计划的制订。与人力资源管理不同，材料管理是管理"物"。虽然没有人那么灵活多变，但材料管理也很重要。材料的型号、规格、数量不对，可能会导致项目工程延期，影响企业的利益。假设一批光纤制造工艺不合格，就可能产生传输质量问题。当然，物料质量如何把控，如何合理利用，这是你要观察和学习的，而不是依赖其他人来教你的。

（三）项目的机械设备管理

施工项目的机械设备管理是指项目经理根据所承担施工项目的具体情况，科学优化选择和配备施工机械，并在生产过程中合理进行维修保养等各项管理工作。在岗人员要清楚接触的这些设备，它们生产于哪里，性能如何，客户使用情况如何，如何减少设备损耗，如何合理调配。

（四）项目的技术管理

施工项目的技术管理是项目经理在项目施工过程中，对各项技术活动过程和技术工作的各种要素进行科学管理的总称。技术管理是技术和管理的融合，做技术管理要求管理者有相关的技术知识和能力来提高整体团队的效率。技术团队通常呈阶梯式，有初级、中级、高级、专家级、技术总工程师或技术顾问等。刚毕业的学生，即使学识再好，项目经验再多，一般也要从初级岗位做起，虽然是从简单的工作做起，但不可轻视那些简单的工作，例如，光纤有一定的弯曲度，微弯会产生增加损耗的风险，熔接技术不到位会降低传输信号的质量，因此要苦练技术，把最基础的工作做好。

（五）项目的资金管理

施工项目的资金管理是指项目经理根据工程项目施工过程中资金运用的规律，进行资金收支预测、编制资金计划、筹集投入资金、资金使用、资金核算与分析等一系列资金管理工作。

三、资源整合能力

很多经营管理者认为未来的人才应该具有资源整合能力，这个资源整合能力重点在"整合"二字。有人说"整合就是创新，不要墨守成规"，就是"将一些看起来彼此不相关的事物加以整合，创造出新生事物，使各种资源自身的价值得到增值的过程"。

我们所说的整合资源也不都是整合我们已经掌控或能够掌控的资源，相对于我们需要整合的资源来说，我们能够掌控的资源是少数的。并且，在我们无法独占资源的同时，也一定要知道，我们的竞争对手或者市场其他的资源整合方对资源也不是独占的，正因为这是一个开放的世界，所以我们不能只满足于一小部分资源，我们必须有能力整合更多的资源，这样才能保证更顺利地推进我们的项目。在资源整合中，我们需要思考以下问题。

（一）让"1 + 1> 2"

当我们谈及自身的资源整合能力时，最关键的一点就是要保证经整合的资源能让我们因为这些资源本身的价值而获利，并且回报要大于其自身的价值。

（二）建立平台，保持开放

在平台经济时代，每个人都可以搭建一个平台，而这必然要靠资源整合能力。既然要整合资源，我们的项目或平台必须是愿意接纳各种资源的。在这样的前提下，我们才能保证资源进来不受到任何不必要的阻力。同时，保证足够的开放性还可以提升资源被整合的主动性，会有资源主动要求加入项目或平台。

（三）接触资源的能力

你不可能拥有和掌控所有的资源，但是必须保证项目、平台可以让资源方知道。只有这样，我们才会有更多的机会。如果我们的告知可以传达到足够多的资源方，那么我们甚至有可能拥有绝对的主动权，可以在同类型资源之间进行比较和筛选。

· 任务四 · 项目复盘的能力

"复盘"原本是一种围棋术语，本意是对弈者下完一盘棋后，重新在棋盘上把对弈过程摆一遍，看看哪些地方下得好，哪些地方下得不好，哪些地方可以有不同甚至更好的下棋方法等。这个把对弈过程还原并且进行研讨、分析的过程，就是复盘。通过复盘，棋手可以看到全局以及整个对弈过程，了解棋局的演变过程，总结出适合自己和不同对手的套路或找到更好的下棋方法，从而提升自己的棋艺。总之，复盘是一个不断学习、总结、反思、提炼和持续提高的过程。

复盘的目的是让个人和团队能够在刚刚经历的工作经验中学习，因此必须营造适合学习的氛围和机制，包括准确还原事实，以开放的心态分析差异，反思自我，学到经验或教训，找到可以改进的地方。

作家采铜在《精进》这本书里总结了10个反思的维度，每做完一件事要进行反思，这10个维度分别是信息/资源/知识、预期、结果、进度、工具、情绪、阻碍、优势、缺憾与意义，供读者们参考。

看一看

1. 信息 / 资源 / 知识

① 在做这个项目或者活动时，我利用了哪些信息？其中哪些信息是最关键的？

② 这些信息是从哪些渠道得到的？哪些渠道被证明是很有价值的？

③ 我可能遗漏了哪些信息？这些信息可以怎样得到？

2. 预期

① 在做项目之前，我是否对事情的过程和结果做了正确的预期？

② 我为什么会形成这样的预期？是什么造成预期和事实的偏差？

③ 我的预期是否促进或阻碍了事情的进程？今后应该如何管理自己的预期？

3. 结果

① 怎样描述这个项目的结果？怎样评价这个项目的结果？

② 在描述和评价这个项目的结果时我用了哪些指标？这些指标是否需要改进？

③ 结果需要哪些改进？如何改进？

4. 进度

① 项目的进度合适吗？是太快了还是太慢了？是什么因素导致了这样的结果？

② 当进度出现问题时，我使用了哪些手段进行干预？效果如何？为什么效果理想或者不理想？

5. 工具

① 在完成这个项目的过程中，我使用了哪些工具？

② 哪些工具起到了重要的促进作用？哪些工具起到了阻碍作用？

③ 如何改进现有的工具使其发挥更好的效果？

6. 情绪

① 在做这个项目的过程中，我的情绪状态是什么样的？我是否出现过情绪失控的情况？是什么引发的？

② 我是否有意识地调整过自己的情绪？在这期间使用了什么方法？是否需要改进？

③ 在开始做这个项目时，我的情绪是怎样的？如果刚开始是充满信心的，后面经历了什么又急躁起来？

7. 阻碍

① 在做这个项目的过程中，我遇到了哪些阻碍？其中最大的阻碍是什么？

② 我是如何应对这个阻碍的？取得了什么结果？

③ 在这些阻碍中，哪些会长期存在？我需要通过怎样持续的努力来减少这些阻碍？

8. 优势

① 在做这个项目的过程中，我发挥了什么样的优势？是否还有可利用和可发挥的优势？

② 在做这个项目的过程中，我的主要收获有哪些？我的哪些知识和能力得到了提升？

③ 我可以向做同类项目的其他人学习什么？他们还有哪些优势是我不具备的？

9. 缺憾

① 在做这个项目的过程中，我的遗憾有哪些？最大的遗憾是什么？是什么原因造成这个遗憾？

② 在做这个项目的过程中，我暴露了哪些缺点？其中哪些缺点是亟须改正的？

③ 关于这个项目，别人对我有什么批评或者评价？他们的批评有哪些可取之处？

10. 意义

① 这个项目对我来说最大的意义是什么？对我的短期生活和长期生活分别有什么影响？

② 这个项目对周围人和社会的意义分别是什么？

③ 我发现了哪些意想不到的意义？

当然，在反思的过程中，大家一定要注意时效性，就是要及时总结，最好把以上问题形成表格，在每做完一件事后都回答一下这些问题，因为"反思，使我们每做完一件事就进步一点儿，而你经历的每件事都是为下一项工作积累经验"。

张长弓在龙旭经理的点拨之后，思维开阔了很多，他不断地总结和提炼，成长很快，不到半年就成为团队领导，开始带新人。他也用龙旭的教练思维来指导自己的团队，不断提升自身的领导力，用实力和领导力影响团队。因此，两年后，他就成为一名优秀的项目经理。

工作除了踏踏实实，还要有自我成长的思维意识，不能把自己限制在项目任务里，而是在项目任务中生根、发芽、结果，结出优质的果子，做到不可替代且不断创造惊喜。

思考练习

1. 职能部门经理和项目经理的区别是什么？

2. 对于项目管理以及在项目管理的过程中应具备的职业素养，你是否学到了？你学到了哪些？

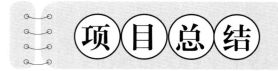

做事靠谱分3层：做完是底线；做好是符合预期；做到极致是超预期，是惊喜，是成为不可替代之人的必经之路。一个有成长思维的人，在执行项目任务的过程中，一定要养成目标性时间管理和资源管理的观念。初入职场的新人不仅要关注项目工作本身，而且要关注项目的价值和意义，这是决定一个人在职场是否跃迁的重要因素。工作虽然忙忙碌碌，但是要从工作中学习和成长，每天要留出至少 1 小时来总结和思考，在复盘中成长。职场中的领导形形色色，故事中的张长弓刚好遇到一位既有能力又有意愿培养人的好领导，这是难得的。所以，对个人来说，如果没有遇到职场贵人，就要靠自己努力成长，建议你要认真学习大学里的每堂职业素养课程。要想在项目中成长为项目管理人员，建议你要有一定的领导思维，善于分享，掌握教练技术。

笔记：

附录

附表 1　岗位与技能要求——通信方向

序号	岗位方向	关键岗位	核心技能要求
1	网络建设与维护	LTE 基站督导工程师	独立完成无线网 LTE 项目到货的开箱验货、督导、后台调试、割接等工作；及时输出工程过程中的各种文档资料和报告，保证客户资料的完整、准确和规范；积极配合新产品的开通及新规范的宣贯，编写网络操作方案，实施重大操作
2		传输工程师（PTN）	负责 PTN IPRAN 产品现场技术支持，包括设备的开通调试、升级割接、故障解决、网络维护等；根据需要完成 PTN IPRAN 产品问题的处理、技术澄清、网络巡检、文档编写等相关售后工作；与客户日常沟通，了解客户需求，解决客户网络的常见问题
3		网络监控工程师	根据值班计划进行值班，对网络执行"7×24 小时"监控，及时记录值班日志及各类网络性能数据；及时响应客服、其他部门及其他运营商发来的各类投诉与建议，在规定时限内完成处理及反馈
4		室分集成工程经理	负责编制室分工程交付流程、标准、规范；负责指导和监控现场交付管理；负责组织室分工程工作会议，负责室分交付、管理人员的培训和培养
5	网络规划与优化	基站勘测工程师	对基站地址进行勘测，设计图样，完成机房基站设计；熟悉无线基站分布系统选址勘查业务及设计业务，能够编制通信工程概预算；负责完成项目勘察、设计、绘图等设计文件编制工作
6		无线网规划工程师	负责 LTE 系统的无线网络规划设计方案制定、实施和管理；通过现场服务或远程方式，为客户提供无线网络规划设计的技术支持；负责无线网络规划优化中的问题分析、定位，以及解决方案的制定
7		LTE 网络优化工程师	完成 LTE 网络日常优化项目的工作，对客户提出的疑难问题给予正确合理的解决方案；完成 KPI 的收集、分类、报表制作、指标分析、方案输出等工作；完成后台的 KPI、TOP-N 问题处理及分析工作
8	产品研发与测试	射频工程师	有丰富的电磁场理论，射频、微波电路理论知识及相关的电路设计经验；熟悉射频元器件，有相关 CMOS/GaAs 器件经验者为佳；对无线通信数字调制和解调有一定的了解，有一定的半导体技术基础；熟悉 ADS、HFSS、Cadence 等 EDA 设计软件，以及主要射频和微波测试仪器的使用
9		硬件测试工程师	负责射频类、数据类网络设备的相关硬件测试，熟悉电子产品开发与测试流程理论及方法；熟练使用电子测量仪器、仪表，掌握通信产品可靠性要求和测试方法
10	产品营销	销售代表	负责指定区域的市场开发、客户维护、销售管理等工作；具有良好的沟通技巧及销售技巧，及时解决客户咨询的问题，促进客户成交；制订自己的销售计划，并按计划拜访老客户和开发新客户
11		售前技术支持（数据通信）	对数据通信有一定的了解，熟悉国内外几大品牌（华为、新华三、思科、深信服等）的产品；负责组织制定通信网络项目的技术方案、准备标书及用户答疑等工作；配合销售代表完成与用户的技术交流、技术方案宣讲、网络系统演示等

附表 2　岗位与技能要求——云计算方向

序号	岗位方向	关键岗位	核心技能要求
1	云计算运维类	云计算运维工程师	Windows/Linux 主机及服务器系统管理，了解企业 IT 系统运行维护流程；熟悉 Citrix、VMware、XEN、KVM、Hyper-V 等虚拟化产品；熟悉 UNIX/Linux 操作系统，熟练使用各种系统管理工具，具备 Shell 编程能力；熟悉 Apache、MySQL、SSH、DNS、NFS 等应用，了解其工作原理；熟悉 SAN、NAS 等主流存储技术及容灾备份技术；负责 Mongo DB/Hadoop HDFS/HBase 实施；了解开源负载均衡软件；了解 TCP/IP 及路由交换基本知识；具备系统分析能力，能够解决关键技术问题
2		云平台高级运维工程师	精通 Linux/UNIX，熟练使用 Python、Sheel 等脚本语言；精通 QEMU/KVM/LibVirt 虚拟化相关技术，对其原理有深入理解；熟悉 OpenStack 各个主要组件，有很强的动手能力，部署过 OpenStack 生产环境；熟练应用主流开源软件和数据库，例如 Apache、Nginx、LVS、Redis、MySQL 等；熟悉自动化运维实施配置管理工具（Puppet、Ansible、SaltStack、Chef）一种或一种以上；有良好的沟通能力和团队合作能力，有良好的学习能力、优秀的文档阅读及编写能力；责任心强，能够应对突发情况
3	研发架构类	云计算测试工程师	负责云计算、云存储、虚拟化、分布式文件系统等相关产品的测试；负责高性能 Web Server 和 Proxy Server 等相关产品的测试；负责云计算自动化测试框架开发与部署；负责云技术数据中心集成项目方案的验证和集成验收；负责跟踪云计算测试技术的发展趋势；研究云计算测试解决方案
4		云计算产品经理	负责云计算产品的需求分析、产品设计、用户运营工作；负责云计算产品的内部沟通协调工作、负责云计算产品的运营工作；有灵敏的市场洞察力、推广能力，可以协助销售人员完成产品经理的各项工作任务，尤其是重点行业和客户的售前攻关工作；向销售部门提供相应的客户需求文档与方案，包括与其他产品线之间的资源共享、产品之间集成的技术建议书；了解云计算、分布式系统、网格计算和虚拟化等方面的理论知识和应用；了解主流服务器、存储、数据库、虚拟化及操作系统等相关知识或具有实际经验
5		云计算架构师	主导云计算产品的架构设计（虚拟化、存储、分布式、云应用、电子商务等）；负责云计算管理平台核心模块的详细设计和开发工作；探索云计算基础架构层、平台层方向的技术趋势和核心技术，拟订开发计划；主持设计云计算基础平台软件系统（HPC、分布式、存储、虚拟化）；与产品团队保持密切的互动，与上下游合作伙伴开展基于云计算的产业链建设工作
6		云计算开发工程师	参与云计算产品的需求分析与底层业务逻辑设计；负责提出新产品或新模块的架构设计或架构改进方案，为产品中的复杂功能编写产品开发设计文档；负责云计算产品的具体开发；精通 C / C++ / Java / Python 几种开发语言中的一种；熟悉 Web 前端技术开发（HTML / CSS / JS），了解 Web 前端常用开发框架；熟悉 Linux 常用命令，熟悉 TCP/IP 网络，了解 Shell 编程；熟悉 QEMU / KVM / LibVirt 虚拟化相关技术，对其原理有深入理解
7		UI 设计师	熟悉 App Store 或安卓应用市场；负责 iOS、Android 及 Web 平台的界面设计；有丰富的人机交互经验，精通 Sketch、PhotoShop、Axure 等，并能熟练运用到 UI、UE 设计中；会用 Axure 画出产品的线框交互原型

续表

序号	岗位方向	关键岗位	核心技能要求
8	研发架构类	Web 前端开发工程师	精通 JS，熟悉 AngularJS、Vue、React 等前端开发框架，具备 HTML5、CSS3 开发技术，有响应式页面开发经验；精通 DIV+CSS 和 W3C 标准，熟练运用 XHTML、CSS，深刻理解手机平台上各主流浏览器之间的兼容性；熟悉 HTML5 特性，了解 HTML5 最新规范，能够熟练运用 HTML5 特性构建移动端的 Web App；熟悉 JS CSS/HTML5 在各种手机分辨率、PAD 平台上的兼容和性能优化；善于使用前端的基本调试工具熟练手写代码
9		云计算技术经理	参与云计算产品线的整体规划；参与云计算重点产品引入测试、产品选型等工作；进行云计算数据中心项目的选型规划和售前支持；云计算重点解决方案的设计、编写；与云计算相关技术和产品销售支持，重点项目支持
10	市场营销类	云计算售前高级工程师	分析客户需求，深入理解公司云计算相关产品的技术和特点并形成解决方案；协助销售代表完成针对客户需求的售前技术支持和项目投标工作；参与制订产品规划，配合完成新产品及解决方案的包装、市场推广、销售指导；负责项目技术支持及咨询工作，提供、完善产品和系统方案设计，进行技术交流引导以及搭建技术层客户关系平台
11		云计算售前支持	面向客户的售前技术交流，包括 PPT 讲解、了解客户需求、产品展示等；负责支持区域 / 行业云计算和大数据产品的销售空间挖掘、行业机会点落地、重大项目突破、样板点建设与品牌活动，与客户沟通，进行需求分析；撰写技术方案，制作交流展示 PPT；全程参与项目的招投标工作，根据招标说明书制作标书（商务标书、技术标书）并参与答疑；收集市场需求与竞争情况、新产品和系统解决方案的开发和推广
12		云计算销售总监	负责各省（自治区、直辖市）的政府、企业云计算平台及移动 IT 的市场拓展；与行业专家及客户就云计算应用及移动 IT 产品进行交流，挖掘用户需求；分析市场环境及竞争对手，构建产品解决方案策略并推动策略的有效执行

附表3　岗位与技能要求——大数据方向

序号	岗位方向	关键岗位	核心技能要求
1	大数据运维部署	大数据运维工程师	具有大数据平台的部署、运行与维护的能力；熟悉 Hadoop、Hive、HBase、Yam、Spark、Storm 等组件的原理及运维方式
2		云平台运维工程师	掌握云计算理论基础知识，具备云计算平台实践的能力；熟悉开源云平台 OpenStack 的部署和维护；熟悉 OpenStack 核心组件 Nova、Glance、Keystone、Neutron、Swift、Cinder 等；熟悉虚拟化技术
3	数据挖掘与分析	大数据挖掘工程师	具有大数据分析挖掘模型的建立、应用、监控、优化的能力；有较高的数据敏感性，熟悉常见的机器学习算法；精通至少一门编程语言；熟练掌握分布式计算原理，熟练使用 Hadoop、Hive、Spark、Storm 等分布式系统
4		大数据分析工程师	具有互联网基础数据（flow、DNS、流量等）和产品日志的收集与分析的能力；熟悉 MapReduce、Flume、Kafka、Storm、Spark、Hive 等大数据技术；熟练掌握 Java 语言，精通 SQL、HiveSQL；熟练掌握 Linux 操作系统，熟悉 Shell 脚本编程
5	大数据应用与开发	大数据开发工程师	具有大数据平台模块的开发、测试的能力；熟悉 Hadoop 生态圈核心组件 HDFS、MapReduce、HBase、Hive、Flume、Kafka、Storm、Spark 等的使用、应用开发和优化
6		Spark 大数据工程师	负责基于 Spark 框架的数据挖掘平台的设计、开发、维护；熟悉 Spark 体系结构、运行机制；具有扎实的 Java 基础，熟悉 Linux 操作系统，熟悉 Shell 编程语言
7		大数据架构工程师	负责大数据架构组建的开发、搭建、维护和优化；精通 Hadoop、Hive、HBase 的工作原理和应用
8		数据可视化工程师	负责大数据产品的数据可视化设计与开发；熟练掌握各项 Web 前端技术（HTML / CSS / JavaScript / jQuery）；了解 SVC Canvas、WebGL 技术；熟悉 D3、Gephi、Echarts 等可视化工具
9		大数据测试工程师	负责大数据平台业务逻辑的功能测试、性能测试；熟悉 Hadoop、Spark、HBase、Kafka 等分布式开源组件及工作原理
10		大数据产品经理	能够结合大数据用户需求，设计大数据平台产品，进行大数据平台对内、对外的需求整理、分析、产品设计、项目管理工作；熟练使用 Axure 原型工具并能够输出高保真、高质量的需求文档
11	大数据市场营销	大数据售前工程师	能够根据售前阶段的客户调研分析，与客户深入沟通，理解客户需求，提供有针对性的解决方案；了解大数据平台的整体技术架构，例如 Hadoop、HDFS、HBase、Mongo DB 等分布式数据体系；了解基本的数据分析技术及理论知识
12		大数据销售经理	进行大数据产品的推广和销售；具有良好的沟通及洽谈能力；熟悉大数据产业链，熟悉大数据架构及关键技术

附表 4　岗位与技能要求——物联网方向

序号	岗位方向	关键岗位	核心技能要求
1	产品设计与开发	物联网产品经理	负责物联网产品的需求调研；负责物联网场景及相应解决方案的设计；负责物联网产品的业务流程，设计产品原型；负责物联网智能硬件设备集成，测试、调试和实施，编写相关技术规范和文档；了解物联网行业基本知识；了解物联网行业技术及未来发展趋势
2		产品 UI 设计师	熟练使用 Photoshop、Sketch、CorelDRAW、AI 等工具；熟悉基本的产品设计规范；熟悉产品设计流程；对用户研究、交互设计和界面视觉设计均有较强的能力
3		Java 开发工程师	熟悉 Java、Java EE、Spring、Spring MVC、Struts2、MyBatis、Hibernate 等框架技术；熟悉 SQL、存储过程，熟悉 MySQL、SQL Server、Oracle 等数据库；熟悉 Tomcat、WebSphere 等应用服务器配置；熟悉 Linux 操作系统
4		Web 前端开发工程师	熟悉 JS，熟悉 Backbone/RequireJS 库，具备 HTML5、CSS3 开发技术，有响应式页面开发经验；精通 DIV+CSS 和 W3C 标准，熟练运用 XHTML、CSS，深刻理解手机平台上各主流浏览器之间的兼容性；熟悉 HTML5 特性，了解 HTML5 最新规范，能够熟练运用 HTML5 特性构建移动端的 Web App；熟悉 JS / CSS / HTML5 在各种手机分辨率、PAD 平台上的兼容和性能优化；善于使用前端的基本调试工具，熟练手写代码
5		Android 开发工程师	熟悉 Android 系统底层框架；熟悉 Android 平台 UI 控件、布局、常用组件；熟悉主流的 Android 开发框架；能够进行 Android App 功能和应用开发
6		iOS 开发工程师	熟悉 Objective-C，深刻理解 Objective-C 的运行机制；熟悉 iOS 应用开发框架，能独立开发高性能的 iOS 应用，对 iOS 应用程序性能优化有一定了解；熟悉 iPhone / iPad 界面和交互开发，掌握使用 Code 绘制架构及原理；熟悉 iPhone / iPad 网络编程，熟悉 Socket 和 http 网络连接规范；对数据结构、基本算法熟练掌握，并了解常用的设计模式；熟悉 iOS 各个版本之间的差异，并且能够提供良好的解决方案
7	硬件类	网关集成工程师	具备模拟电路和数字电路设计、电子电路分析能力；熟练使用 Altium / PADS / Candance 等硬件设计软件，能够使用 Protel DXP、Altium Designer 设计 PCB（印制电路板）；熟悉 ARM、DSP 等 CPU，熟悉 USB / SPI / I²C 等硬件接口；熟悉 RS485 通信；熟悉 TCP / IP 栈
8		RFID 集成工程师	掌握数字逻辑电路和模拟电路，熟悉射频电路和电磁场理论；熟悉 RFID 相关协议与技术规范；掌握 RF 射频电路的原理及相关电路设计方法；掌握非接触 / 接触式卡的协议及开发设计；掌握 13.56MHz ISO14443A 协议与 ISO15693 协议；能够进行阅读器开发及设备调试；能够进行硬件测试、调试工作（包括单板调测、单元测试、系统联调等）
9		硬件开发工程师	掌握 Linux 基础知识；熟悉 ARM 体系结构；具备 Linux 系统下的 C 编程基础；熟悉嵌入式系统移植和 BootLoader；熟悉使用嵌入式系统开发环境的制作工具链；熟悉嵌入式 Linux 系统下的串口通信、网络编程、多线程程序设计、驱动程序开发
10	市场营销类	物联网售前高级工程师	根据公司产品和合作伙伴现有能力，输出有竞争力和可落地的解决方案，协助销售代表拿单；负责售前阶段的产品介绍、Demo 演示、技术交流与引导、标书应答、方案制定与编写等工作；项目签署合约后，协同售后团队对项目实施和交付；调研分析竞争对手以及物联网行业发展趋势，并输出和更新竞争分析材料；熟悉物联网及服务器相关技术；熟悉无线通信协议 Wi-Fi、BLE、ZigBee、NB-IoT 等；熟悉嵌入式开发，有过 ARM 或 Linux 编程经验；熟悉 Web 开发经验，掌握 Web 开发语言，例如 Java、Python、PHP、Node.js
11	市场营销类	运营专员	熟悉产品运营、内容运营、数据运营、用户运营、活动运营、新媒体运营等；探索、分析原始数据，帮助决策，优化运营；用户 / 市场调研与分析
12		物联网方案经理	了解市场同类产品信息、竞争对手信息和相关产品信息，能够正确分析总结产品优劣势；熟悉物联网云平台及服务器相关技术；深度挖掘各行业物联网应用需求，结合公司相关产品制定标准化解决方案；进行客户需求挖掘、方案制定、产品介绍等同时负责对销售工程师进行标准化方案培训与指导；深度结合公司产品和行业需求制定标准化物联网信息安全解决方案，为市场营销团队提供整体技术支持